学会说话
人际沟通力提升法则

【日】吉田裕子 | 著

侯鹏图 | 译

中国科学技术出版社
·北 京·

Original Japanese title: OTONA RASHIKU NAGOYAKA NI HANASU CHITEKI ZATSUDAN
JUTSU by 吉田裕子 /ISBN：9784534056825
Copyright © Yuko Yoshida 2019
Original Japanese edition published by Nippon Jitsugyo Publishing Co., Ltd.
Simplified Chinese translation rights arranged with Nippon Jitsugyo Publishing Co., Ltd. through The
English Agency (Japan) Ltd. and Shanghai To-Asia Culture Co., Ltd.
All rights reserved.

北京市版权局著作权合同登记　图字：01–2020–6992。

图书在版编目（CIP）数据

学会说话：人际沟通力提升法则 /（日）吉田裕子著；侯鹏图译 . –– 北京：
中国科学技术出版社，2020.12（2023.12 重印）

　ISBN 978-7-5046-8886-6

　Ⅰ . ①学 …　　Ⅱ . ①吉 …　②侯 …　　Ⅲ . ①人际关系学 — 通俗读物
Ⅳ . ① C912.11–49

中国版本图书馆 CIP 数据核字（2020）第 210610 号

策划编辑	申永刚　赵　嵘
责任编辑	申永刚　陈　洁
封面设计	马筱琨
版式设计	锋尚设计
责任校对	张晓莉
责任印制	李晓霖

出　　版	中国科学技术出版社
发　　行	中国科学技术出版社有限公司发行部
地　　址	北京市海淀区中关村南大街 16 号
邮　　编	100081
发行电话	010-62173865
传　　真	010-62173081
网　　址	http://www.cspbooks.com.cn

开　　本	880mm×1230mm　1/32
字　　数	95 千字
印　　张	6
版　　次	2020 年 12 月第 1 版
印　　次	2023 年 12 月第 2 次印刷
印　　刷	北京盛通印刷股份有限公司
书　　号	ISBN 978-7-5046-8886-6 / C·171
定　　价	59.00 元

通过16年研究发现的
聊天的三大好处

　　我想变得会与人聊天。这16年来，我一直在思考这个问题。

　　即便对方是初次见面的人，如果与他可以轻松聊天的话……

　　在照顾到彼此感受的聊天环境中，如果可以活跃职场气氛的话……

　　如果话题非常有趣，可以吸引对方的话……

　　这些年来我一直都在思考这些问题。

其中的一个缘由就是作为一名讲师在上课的过程中，自己聊天的能力不足。

例如，在培训班讲课的时候，让学生集中注意力听2小时以上的课并不是一件容易的事情。当学生的注意力开始开小差的时候，可以适当地跟他们聊聊天，这样他们低着的头会重新抬起来。这是因为短暂的聊天可以让他们转换一下心情，从而可以重新集中注意力听讲。

话虽如此，但在课堂上讲与学习内容完全不一样的话题是在浪费时间，所以这些年来我一直在一边观察学生的反应，一边在摸索该讲什么样的内容，如讲一些考试经验，让那些听课听得乏味的学生重新打起精神来，抑或是为了让他们拉近与课程内容的距离，将课程内容中的逸闻趣事与我们的工作与生活结合起来。

探究聊天的另外一个缘由是"多面手生活"的需要。在担任培训班讲师的同时，我还在写书，担当企业培训的讲师，在从事这些工作的同时，我结识了很多人。

例如，有的时候有关我的采访会刊登在报纸或是杂志上。这些内容一般都是由初次见面的记者、作家来采访我

（或是以采访之名的闲聊）1～2小时，而后将所得素材写成报道。起初我对这件事情感到困惑。这是因为在采访的过程中自己有的时候会一言不发。直到最近，在经历了几十次这样的事情后，我才逐渐掌握了如何与初次见面的人愉快聊天的技巧。

在过去的某一个时间点，我突发奇想我这16年间的聊天经验或许会成为别人的一种参考，于是我决定写这本书。

本书所述话术是我在日常生活中以讲师的身份摸索出来的，它或许可以为演讲者在大众面前讲话时提供借鉴。

它是一种温和的讲话方式，在营业或者待客等工作的场合，在如何与别人相处等方面或许能够发挥作用。

说到底，因为大家每天都在聊天，所以它可能会对更广泛的受众提供有益的信息。

我写这本书皆是出于以上的设想。

如果聊天可以顺利进行，我们就可以抓住工作中的更多机会和促进人际关系和谐发展。

第一，可以结识更多新人。在参加派对或是研讨会等小型聚会场合期间，我们可以和同座的人交流，这样就会结识新人。让对方记住你的姓名和特征，这样做的话会为你日后工作和交往创造某种契机。

第二，可以使自己所在的共同体变得轻松起来。例如，有的时候由于工作事由导致职场气氛有些紧张，这时我们可以在工作中悄无声息地加入一些聊天元素，这样一来职场气氛会变得融洽起来，同事之间的相互理解和合作精神也会随之产生。

第三，如若和身边的家人、重要的朋友聊得投机的话，相互间的关系也会得到增强。

本书如果能够为大家掌握聊天技巧、拓宽自身的视野、构筑丰富的人际关系提供一点帮助的话，笔者会觉得无上光荣。

由于本书是一本有关聊天的书籍，所以想请各位读者在阅读的时候以一种愉快参加聊天的感觉来阅读，故而在文体上大多使用了类似于在课堂上教师向学生发问的形式。

在每节的开头，笔者都设置了一个问题自测。例如

"你是不是惧怕陌生人"等。在开始阅读正文的时候，请试着回答"如果是我的话，会怎么样"。请大家回答问题的目的是让大家将"积极听课"的开关打开，是让大家拿来一个小板凳准备认真听讲。

回答问题。
在认为正确的地方点头，贴上标签，画线。
在认为有违和感的地方，仔细动脑筋。

希望各位读者能够以上述的形式来阅读本书。不以被动的形式而是以一种积极的态度阅读本书的话，相信大家都会得到最大的启迪与收获。

至多不过是聊天，但它就是聊天。
让我们进入内容虽说简单然但却十分深奥的"聊天世界"之中吧！

吉田裕子

目录

1 | 第一章
是否在不知不觉中踩了"地雷"

2 | 第二章
不同场景的聊天技巧

3 | 第三章
收集让聊天停不下来的话题

6 | 第六章
通过聊天来构建和谐的人际关系

7 | 第七章

瞬间提升情商的聊天语句

第一章

是否在不知不觉
中踩了"地雷"

请封印居高临下式的讲话方式

 Ask Yourself 自测 在聊天过程中，你是否说过"你不知道吗"？

☐ 说过　☐ 没有说过

　　聊天是指"和别人愉快、和谐地讲话，如果有可能的话可以通过聊天变成好朋友"的一种交流方式。

　　因此在聊天中最应该避免将上下关系固化。如果有人以居高临下的讲话方式和你讲话，你肯定不会高兴。所以在聊天时，双方应超越立场、年龄的界限，以一种平等的关系轻松聊天。

　　所以"你不知道吗""你不晓得啊"应该成为聊天的

忌讳。虽然讲话一方没有这层意思，但是对方却可能将此听成：

"这么简单的事情都不知道?"

"我当然知道，你不知道吗?"

"你不知道吗""你不晓得啊"有可能成为一种"居高临下式"的表达。"居高临下式"的表达是一种向对方夸耀"我在你之上"的言语行为。另一方则会认为自己被轻视、被小瞧了，所以不可能会感到高兴。

不同的人掌握知识的多寡将导致在聊天的过程中出现不对等的关系。因此，我们在聊天的时候应该避免用诸如"我教你""因为没有办法所以我向你说明好了"等居高临下式的态度来聊天。

聊着聊着预感到自己有可能说"咦，这都不知道吗""唉，这也不知道啊"的时候，立即将其咽进肚子里。

对方碰巧不知道你了解的事情中的一个而已，而在别的领域他可能比你了解得详细。仅仅通过是否知道一个知识点就扬扬自得地去轻视对方的做法是不对的。

成为"上对下式"或是"我教你式"的性格的人，在旁人看来（用这种讲话方式讲话的人）将来有可能会吃亏。

新闻或者品牌等可以成为聊天的绝好内容。

即便我们应当避免以居高临下式的"你不知道吗"等方式聊天，但是以"某某事情你听说了吗？"这种方式作开场白的话，对于聊天来说却相当便利。

将新闻的话题作为聊天内容之时，我们不妨预先将自己专业领域内的最新话题提前记好，然而有的时候这些话题对于专业外的人来说过于前沿。话题超过了对方的常识范围，所以有的时候会话不投机，或是对方对此不感兴趣，此时，对方仅仅说"很棒啊"，聊天便会草草结束。

一次在与专攻日本史的大学教授聊天时，他说："在学术研讨会等场合所报告的学说要成为一般社会的共识需要30～50年的时间。"

这在商界也是同样的道理吧。一个投资者曾说："某一产业如若在电视里被作为'最近话题'报道的话，这个产业就进入衰退期了。"

某一话题被大众普遍接受应该是在该话题引起相关领域专家关注之后数年的事情了。

因此，有这样一种评价：比起谈及最新的信息，倒不如将聊天内容下降一个层级。与人聊天的内容不是超前几步而是超前半步，这种内容才是我们愿意跟别人分享的内容。

要点　居高临下式的聊天方式有百害而无一利。

"御宅族"① 连珠炮式的讲话方式被敬而远之的理由

你是"御宅族"吗？

☐ 重度"御宅族"　☐ 一般"御宅族"　☐ 不是"御宅族"

如若问一下年轻人（18～34岁）自己是否是"御宅族"，认识到自己是"御宅族"的在男性中占54.5%，在女性中占45.5%。②

---

① 御宅族，广义上讲是指热衷于各种亚文化，并对该文化有极度深入了解的人；狭义上是指沉溺、热衷或精于动画、漫画及电子游戏的人。——译者注
② KDDI（日本电信运营商）综合研究调查，2018年。——译者注

我在多个领域也是"御宅族"，写这些内容也是在告诫我自己。"御宅族"讲话时容易变成连珠炮式的讲话方式。一旦碰到自己喜欢的话题，就如同是打开了话匣子，喋喋不休讲个不停。

他本人讲得热火朝天，很多时候却将旁边的事情抛到了脑后。"啊，我要开始了"，便将对方晾在一边。

当然，非"御宅族"的人也有这种问题。（总之）自己喋喋不休一直讲个不停，有这种癖好的人需要引起注意。从聊天能力这个角度来看，有连珠炮式讲话癖好人的问题要多于沉默寡言人的问题。

接下来让我们列出连珠炮式讲话的问题。

如果讲得太快，有的人就会听不明白。

本来就有很多人不擅长通过耳朵获取信息。

当有人跟你连珠炮式讲话的时候，即使你想听也听不明白。但是，这个时候"我没有听明白"这句话却说不出口，这样的两个人渐渐地就会聊不到一起去了。

如果碰到了自己不懂的领域，对话中包含很多第一次听到的单词、不熟悉的单词，那么听话者就越发听不懂了。我本身讲话也比较快，即便是这样，在签订不动产合同时，尽管有人接二连三地对我说这说那，但是我的脑子里面并没有接收到什么信息。对于说话者本人来说话题内容早已烂熟于心，没有什么特别的顾忌，所以他很容易以自己的节奏连续讲下去，忽视了听话者。这样不到一会儿，听话者想要聆听的愿望就会消失。

而且，连珠炮式讲话的人甚至没有时间来看对方的反应。

即使讲话略微有些快，但是在看到对方反应的同时，自己也能调整讲话的节奏，只有这样，听话者才会跟得上讲话的思路。但是如果像机关枪似的一直讲的话，讲话会变得不知所云。

另外，在连珠炮式讲话方式里，自己讲话比例过高也是一个问题。在聊天中均衡感是很重要的。

能自顾自地说且可以让人感到愉悦的只有单口相声演员、电台主持人等一部分职业艺人能办得到。大多数人在单方面默默地听别人的讲话时会感到一种精神压力。有参加话题的场景、有请对方聆听自己的时间，这样的对话才会让人感到舒适。

我们应该有这样一种意识：自己讲话的时间和对方讲话的时间比例应该设定为4：6，给对方更多的讲话时间。

再者，平日里如果"自己表达"的机会不够多的话，在自己内心里想讲话的念头就会逐步积累。一旦说话的机会来临，人们往往就会迫不及待地想让对方听自己讲话。

有媒体曾经报道过这样一个新闻：一名高龄的患者独居，为了找人听自己说话，将医生和护工长时间地拘禁起来。

所以，平日如果自己想讲话，可以将内容分散。譬如找家人、恋人等身边的人倾诉，或是在博客等可以展示自己的地方写些东西。

如果想让别人也加入进来的话，我们可以将内容写在日记本上。那部有名的《安妮日记》也是以"向'凯迪'讲述"的方式写的。甚至有的时候，你还可以跟布娃娃或是观叶植物说一说话。

这样的话，通过分散"自我表达欲"，我们可以避免"自我表达病"。

我们应当：避免单方面的连珠炮式的聊天，设置好聊

天的节奏，既确保有时间可以观察对方的反应，又确保自
己有时间可以充分表达。

要点　　讲话时间自己占4成，别人占6成。

察言观色最重要

Ask Yourself
自测

大家喜欢卡拉 OK 吗?

☐ 喜欢　☐ 无所谓　☐ 不喜欢

在聊天中，善于察言观色的人大多会受到好评。

一说起"察言观色"，我们似乎有些摸不着头脑，但是它非常重视聊天的节奏和聊天时良好的氛围。

一提起它，我们就会想到卡拉OK。

和公司的同事或同班同学出去唱歌的时候，大家应该都是在观察了对方之后才开始选曲唱歌的。我们可以将其中的技巧应用到聊天中。

（1）依次唱歌→依次发言

在多人参与的卡拉OK中，参加的人一般是依次唱歌的。即便不是完全按次序来的，但在某种程度上也是机会均等的。若出现有人完全不唱，应该会有别的人去提醒他"咦，你是不是还没有唱"。

聊天亦然。参加者应该以机会均等的方式参与进来。如果有人不擅长发言的话，可以委以他担任招呼大家参与到聊天中来的重任，这样一来此次聊天中的均衡问题就能得到保证。这样的人被称作主持人的话，多少会有些小题大做吧？所以可以将他看作是招呼大家加入聊天的（如"某某何不加入进来"）中间人。

（2）选择适合的曲目→选择适合的话题

在多人参与的卡拉OK中，参加的人一般会选择适合大多数人听的曲目。

比如，一般都是选择在场大多数人熟知的曲目吧？

聊天亦然。选择参与者熟知的话题比较保险。同时那些使氛围变得消沉、尴尬的话题最好避免。

（3）顺应选曲的节奏→顺应聊天的节奏

在多人参与的卡拉OK中，大多数人唱得都是一些催人奋进的明快曲目，但是有的时候也会有一些叙事曲目。这个时候顺势而为才是王道。如果开启这个话题的人看到有人参与进来，他会变得十分高兴。

聊天亦然。比起自己想说的话题，我们应当优先考虑自己置身的场合。这是因为比起自创的话题，我们应当重视聊天的走向。即使是话题内容非常有趣，但是为了讲这个话题而将聊天的节奏破坏的话，别人对你的好感度会下降。这样的话，好不容易准备的熟知话题也会变得不受欢迎。

最后我再补充几句，如果此次唱歌的人都是知根知底的人，你无论是接着继续唱，还是强行插入叙事曲目，或是唱一些歇斯底里的内容都是无所谓的。

好朋友之间的聊天和这个流程完全一样。

要点 One Point!　顺应聊天的节奏，保持良好的均衡与氛围。

你是"认生式"的人吗

似乎不擅长聊天的人大多数都"认生"。

综艺、写作双栖艺人——大隼组合（Odori组合）的若林正恭，大家都知道他以前是一个非常"认生"的演员，他曾在朝日电台的谈话节目《雨后谈敢死队交谈》中一个叫"认生演员"的环节中露过面。

然而听说他近年来变得不"认生"了，2018年在同一节目中，他的角色发生了转变，变成了教人如何克服"认生"的一名导师。

谈到如何克服"认生"，他认为秘诀在于应当把自己置身于不得不与人进行交流的场景之中。他说由于自己怕生人所以导致节目录制连续失败，为此他感到了危机，于是他通过去打高尔夫、去"女孩酒吧[1]"的形式，使自己逐渐适应与人交流。正如老话"熟能生巧"所讲的那样，持续不断的实践才是克服"认生"的不二选择。

我喜欢综艺节目，也非常喜欢大隼组合，通过追踪若林正恭，认为克服"认生"应该还有另外一个要点，那就是"降低自我意识"。

起初在谈话节目中，若林给人一种"受制于自我意识"的感觉。当时，大隼组合的另一方春日人气爆棚，而若林正恭被人视为"不红"的一方。因此在他自己身上某种倾向逐渐增强：就是在大众面前如何自虐式地将自己表演成一个不引起人注意的、黯然无光的人。由于职业关系可能有些无奈，但是当时的若林正恭的确有一种过分在意

---

① 女孩酒吧，日语为ガールズバー，和制英语，源自英语 girl's bar，因调酒师大多是女性而得名，该名字源于 2004 年东京八王子市的 Mcorols。——译者注

别人如何看待自己的倾向。

在当时还怕生时，他在《雨后谈敢死队交谈》节目中还有过"阅读塑料瓶或灌装饮料瓶上的贴纸"这样一则趣事。

是这么一回事：在一个大的候场室里，如果一个人一直待着什么也不干的话，若林正恭就会特别在意自己是否被人看成"不会聊天的怪物"。所以为了不被人把自己看成一个格格不入的怪物，他决心自己干一件事情来打消别人的这一念头，于是决定去读塑料瓶或灌装饮料瓶上的贴纸。

大多数人不会在意是否是一个人待着。但是若林正恭就不一样了，他的"不想被别人看作是怪物"的自我意识在作祟，所以才有了刚刚的那一幕。

这种过分在意别人怎么看自己的感觉在若林正恭过了40岁以后就渐渐感觉不出来了。若林正恭在自己的作品《西斜夕阳》（文艺春秋）开售时，接受了采访，在采访中，他如此谈道：

"拧巴该毕业了吧？

"如果都一直是拧巴的话，人生就结束了。

"在年轻的时候，如果自己穿的衣服土里土气的话，那是真的土里土气，现在成了一名大叔，认为土也是一种乐趣。"

这诉说了一名从"年轻"时的自我意识解放出来的中年大叔的心境。

心态的变化和付出的努力双管齐下使得他变得不再怕生。

认生的人和年轻的若林正恭一样是否都是自我意识过强了呢？

自我意识过强的人内心深处一般都会有一副完美的画像，即"自己想变成这样"。而且他们内心缜密，一般都会想自己的这个理想是否实现了，为此而感到惴惴不安。所以才会总想着别人是怎么看自己的，才容易变得"认生"。

这个时候倘若心态变得豁达——"别人怎么看我也无所谓吧"，或是有家人、恋人跟你说"即便不按照理想生活不也可以吗？""即便失败了自己也非常优秀啊"等话，自己的心情就会变轻松。

不擅长聊天说到底是自我意识过强的问题。

"聊天杂谈"正如字面意思"杂"就可以。无论是有意思还是没意思，只要合适交流就可以成立。

那些不擅长聊天的人都有一幅自画像，即"我想这么说"。一旦这个理想没有实现，由此形成的心理压力会使得自己产生不擅长聊天的念头。

改变态度——"在聊天时说的那些内容反正明天就会忘了，所以无所谓"，或者肯定现状——"即便不按照计划实施，但是也说了几句了，所以可以算作及格"等，改变想法的话，自己的心理负担就会减少很多。

要点 聊天杂谈时"杂"就好了。自己没有按照别人期待的那样出牌也无所谓。这么想的话，"怕生"的毛病就可以克服。

你了解别人所需的心理距离吗

 是否有不想向同事讲或是不想被他们知道的事情？

□ 有（如： ）□ 没有

有一个概念叫作"私人空间"。这是一个属于自我的空间，如果被别人进入的话，会感到不快。

这个私人空间的大小因人而异。当别人靠近自己会做出抵抗，每个人的底线是不同的。譬如我，即便对方是关

---

① 在日本进入房间时一般是需要脱鞋的，所以穿鞋进入房间特别是进入别人家的话会被认为是失礼行为。——译者注

系亲密的女性朋友，她说"啊，好久不见"，过来跟我拥抱的话，我也会不由得后退几步。

如果是从事服务业的人，或许会有很多人知道私人空间这个概念。

一流宾馆的工作人员在理解这个概念的基础上，会和顾客保持一定的距离，如果对方是不希望距离过近的人的话，讲话时他会变得拘谨。

这种距离的取舍方法在聊天时也是一样的。大家都会意识到精神层面的私人空间。

每一个人都会有"从这儿开始是我的隐私"这样的范围。至此往后这个范围是不希望被人进入的。虽然每一个人都会有无话不谈的朋友，但是也有一些人在面对职场上的人的时候私人的事情却不愿谈及。

我们必须认识到"所需的心理距离因人而异"这一个事实。

"我都说到这儿了，你也说几句。"

"我问你几句也是应该的吧？"

这样的话就是将自己的隐私强加于别人了。不可以在"穿着鞋"的状态下踏入别人的私人空间。

我们在向对方提问时不应该提一些深奥的问题，而是应一边问一些无关紧要的问题，一边来探知对方所需的心理距离。在问问题的时候，可以说：

　　"如你不想说也行。"

　　"可以在你可说的范围之内说几句。"

　　像上面那样，不要忘记我们在聊天时需要秉持一种顾及对方隐私的态度。

One Point! 要点　**不应踏进别人的私人空间。**

如何"不庸俗"地评论他人

你有没有说过别人的坏话？

☐ 经常有　☐ 有时有　☐ 不怎么说　☐ 没有

在1000年前，日本平安时期著名的女作家清少纳言曾这么说："有的人对于那些聊别人八卦的人感到厌烦，真是不知道他们是怎么想的。我们如何能够忍着不说呢？都应该会忍不住来说几句吧。"

读这类文章时，我感到人真是奇怪的生物。人总是在意别人的一举一动，悄悄地说别人的八卦，要不就是对别人的事情嗤之以鼻。即便是写下了传世名作《枕草子》的这位才女也脱离不了喜欢聊别人八卦的窠臼。

另外，要说起可以和清少纳言平起平坐的女性文学家的话，首推紫式部。在她的《紫式部日记》里，她对清少纳言一顿狠批。

即便现在我们也非常愿意聊别人，喜欢评论别人。

聊天的时候，话题有时候容易变成吐槽大会。

但是由于评论了别人，从而使得其他人对你的评价下降或是使得人际关系变僵的话，未免有些可惜。为了不使评论变得庸俗，请注意以下5条。

（1）人事分离

有这么一则谚语"恨其罪而不恨其人"，的确正如同这个谚语讲的，即便那个人犯的错误值得批评，但是我们不应当将憎恨扩展到犯了错误的那个人身上。

"店长忘了订货，结果我在大热天特意跑到别人家的店里去取货。平时他那么稳当，但在关键时候却掉链子了。"

在这句话里，如果将"但在关键时候却掉链子了"改成"真希望他能改正今天的错误"的话，就避免留下攻击别人的印象了。

（2）在别的场合发牢骚

人在想评论对方的时候一般都是心里有压力的时候，这种压力大到如果不吐槽自己就受不了的程度。这种淤积于内心的感情应该以一种别的形式发散出来。

不过，若要揪住一个人斥责、批评的话，有可能会使人际关系变差或是别人对你的评价降低。因而我们有必要以一种不让别人知道你在说谁的形式，排遣一下心中的郁闷。

可是单单以不说名字的方式来说的话，在一个共同体中的人会察觉出你是在讲谁。别人会想你是在指桑骂槐，这种方式会更加令人厌烦。

最佳的方式就是在完全不一样的场合来吐槽。公司的事情你可以和朋友说，大学时的朋友的事情你可以和中学时的朋友讲，像这样，可以将听你发牢骚的人和你要发牢骚的人分开。

（3）要说"自己也有缺点，也有做不到位的地方"

如果听到别人以不友好的方式评论自己，有时候我们会说："那是你说的啊！""站在道德高地来说别人未免有些过分。"

人无完人。以不友好的方式评论别人的人本身就有缺点。尽管如此，如果听到有人以一种"我很完美，某某什么地方都不对"的口吻去评论别人，我们会有违和感。大家会觉得和这类人无法共鸣，会认为这个人太意气用事了。

如果以一种我和你犯了同样的错误来引起对方共鸣的方式聊天的话，会给人一种均衡的印象，如：

"我在忙的时候别人找我，我也会觉得烦躁；但不会像科长那样说'我没有时间处理你的问题'直接怼别人。"

要不就像下面那样：

"的确在马上要开会的时候找你有些不合适，但是说'我没有时间处理你的问题'这样的话有些过分。"

像上面那样，虽说对方有问题，但也指出自己本身的缺点，如果以这样的方式来聊天的话，会给我们一种均衡的印象。

（4）以解决问题的方式聊天

"部长有的时候讲话不给人留情面。"

如果以这种方式结束聊天的话，它仅仅是一个吐槽。若是换成下面的说法，

"从公司后辈的角度来看，我自己有的时候讲话也可能不给人留情面。那种方式可能会被说成权力骚扰，该怎么办才能把它戒掉？"

"怎么说才不惹他生气？"

将聊天内容引向商量讨论解决对策的时候，上面的话就不单单是非生产性的吐槽，而是被升华成为建设性的对话。

（5）树立共同的敌人

举一个例子，由于某一领导总是朝三暮四地改变自己的主意，所以我们吃了不少苦头、感到愤怒。这个时候完全可以向你的同事吐槽，当然也可以使用一种将敌人放大的方式来表达。

例如，你可以说"为什么领导总是轻易地更改自己的判断"，被你这么一说，你的同事他也有类似的经历，

他会说"对啊，因为总是改变主意，我们为此吃了很多苦头"，从而引起感情的共鸣。

即我们在发牢骚的时候，不应该让别人单方面地听你吐槽，而是应当营造一种说话者与听话者共同参与的氛围，这样的话，现场才会很活跃。

这样的话，对方也很难会产生一种受害者意识，要不他会认为自己"听了不想听的话，感觉很累"。

在自己评论别人的时候，请你尝试一下上面5条中的某一条。

要点 虽说评论别人不对，但是也要看你如何评论，评论别人也可以成为活跃聊天气氛的调味剂。

应该回避的 8 类话题

Ask Yourself
自测 聊天过程中，有没有踩过"地雷"？

□ 有　□ 没有　□ 可能踩过

　　为了避免失误的话题，有人想出了这样的一个双关语——"政宗野①皿②"。

　　①政=政治。

———

① 在日语中"の"发音与"野"的发音是一样的，在这里"野"是"野球"（棒球）。——译者注

② 在日语中"皿"的发音是"sara"，它与工资 salary 的发音相近，所以在这里借"皿"代指"收入、工资"。——译者注

②宗=宗教。

③野=棒球。

④皿=收入、工资。

即这4个是导致失误的话题。

在第三条里加了棒球，可以有一种与时俱进的感觉。在以前巨人队球迷和阪神队球迷曾为了自己的球队而大打出手，而现今即便是互为对手，也不会真的吵起来了吧？

除此之外，其他3条的确是敏感的话题。

政治话题，如果双方人际关系较为稳定且讨论一些有建设性的话题，聊一聊也没什么，但是如果是在闲聊语境中的话，最好不要谈及。

这是因为日本人不擅长将自己的意见与听话者相互剥离。即便是政治上的立场不同，但是对方只要在商业场合愿意合作就可以了。话虽如此，但是很多的时候聊天会变得不融洽甚至走向决裂。

即便是一则小报道，如果政治立场不同的话，双方接受的方式有可能完全不同。因此即便将时事新闻作为谈资，说话者说到底也是为了聊天而选择的，而并不是为了抬杠。

这在宗教话题方面也是共通的。向无神论者询问他的宗教信仰的话，有的人会一股脑地拒绝回答。这种态度对于将信仰视为内心归宿的人来说无疑是耻辱的，为此在二者之间会产生无法填补的隔阂。

最后一条列举的是收入，这个能不能成为话题是根据地域特性或是共同体的氛围而定的。

譬如大阪人比较坦率，喜欢聊一些有关钱的话题。但是那个时候大阪人或是非常坦诚地告诉你赚了多少钱，或是他们会说"慢慢来吧"，但到底赚了多少钱就需要听话者高度的理解能力。与其这样，倒不如一开始就不要问。

从现代的观点来看，除"政宗野皿"之外，不能聊的话题还应该加上以下4条。

骚扰性的话题

性骚扰（有关性的骚扰）、权力骚扰（地位高的人让地位低的人感到痛楚）、道德骚扰（通过大声斥责否定对方的人格）等问题逐渐被社会所重视。

特别是聊天的时候，有关骚扰的发言应该注意，比如，口无遮拦地问什么时候结婚、生子或者问婚姻问题，说一些有关体型等外表方面的话题也有可能成为骚扰。但奇怪的是，有很多人不注意这一点。

歧视性言论

2017年日本搞笑艺人组合Tunnels[①]在电视节目里，"保毛尾田保毛男"这个角色重新搬上了荧屏，没有想到引起了很多人的口诛笔伐。这是由于有人认为在这个节目中同性恋者受到了歧视[②]。

歧视这个词有些沉重，但是对于特定立场的人的偏见、嘲弄却是无处不在。我们应当注意，不应当支持这些。

---

① 日本搞笑艺人组合，由石桥贵明和木梨宪武于 1980 年组成。——译者注

② 这里是由于"保毛"的日语发音是"homo"，有男同性恋的意思。——译者注

内幕消息

有的人会向客户透露公司的内情，从一个朋友那儿听到的有关同事的隐私随随便便告诉别的人，这类人的共同点是会将个人或公司的内幕立马告诉其他人。他们会说一些将事情和盘托出的话，使得现场气氛高涨，但是会使得自身信誉扫地，长期看还是受损的。

甚至有的人会被以"违反保密义务""败坏名誉"的名义被提起诉讼。当然，由于对方真有问题而遭到内部检举这就另当别论了。

谣言

有的人乐意向别人兜售身边人或者艺人的一些空穴来风的事情。如果是知心朋友的话另当别论，但是这些事情对在商业场合上认识的人是不宜讲的。

就这个话题，有人会说"过去说这些是不足为奇的啊"，但是即便是过去，如果有人讲这些的话也会产生不愉快的记忆。他们只是将内心的不满一直忍着没有说出来而已。即便现在大家对不应该讲这些话题已达成共识，但也会有人不以为然地将这些话题说出来，这些人会被视为没有同情心，甚至会看成是某一组织的威胁。

　　应该避免关于政治、宗教、棒球、收入、骚扰、歧视、内幕及谣言的话题。防止踩到"地雷"，伤及他人或是使自己的评价下降。

One Point!

要点　应该避免关于政治、宗教、棒球、收入、骚扰、歧视、内幕及谣言的话题。

第二章

2

不同场景的聊天
技巧

多说一句可以瞬间改观别人对你的印象

如若和一个不太熟的人同坐电梯，你会怎么办？

□ 聊天　□ 打招呼　□ 不说话但稍微点点头
　　　　　　　　　　　□ 装作不认识

如果你想通过"磨炼你的聊天技术"或者"使自己变成一个有意思的人"的方式来"提高聊天的能力"的话，这样做反而会南辕北辙。

事实上有一种习惯可以立马实践，同时使得别人对自己的印象得以改变，这个方式就是"打招呼之后再加一句别的话"。

在社会交往中，和别人聊天时一般人都会通过打招呼或者点头致意，但是在此之外会不会再说点别的呢？这确实需要很高的智慧。

"你好！" + "今天天气真好啊！"
"欢迎光临！" + "如有需要请随时叫我！"
"辛苦了！" + "明天也请您多多关照。"

刚刚开始的时候，我们可以说一两句客套话，但是不要说一句就完了，可以接着说第二句。仅这样做就可以高于平均分。有些不可思议的是，如果你笑盈盈地再加一句话，别人就会留下"这个人是个好同志啊"的印象。

聊天的窍门在于不一口气将一句话说完。

不是立刻说"你好！今天天气真好啊"，而是"你好！（在听到了对方的'你好！'之后才说）今天天气真好啊"。

即使对方没有任何应答，我们也要等到对方听完了这句话后再行动。可以稍微等一会儿之后再说第二句话，这样的话语里面才充满活力。

服务员在和顾客第一次见面时说的"欢迎光临！如有

需要请随时叫我"也一样。

如果只是（不看对方反应）自顾自地说的话，那么这句话从开始到最后都会流于形式。

我们可以在说完客套话"欢迎光临"之后，在认真看着对方的同时向对方说出"如有需要请随时叫我"这第二句话。单单这一点，给别人的印象就会大大不同。

在熟悉了这一点之后，我们还可以在此基础上锦上添花，突出自己的特色。

譬如有这样的一个场景：我们在时隔好久之后碰到了数年前和自己在同一部门工作过的一个同事。在说完客套话"好久不见"之后，第二句你会怎么说呢？

请将自己的视线远离这本书，自己先考虑一下。

"在这儿能见到你，我感到十分惊喜。"

"嗯？我认为你变样了。"

"现在你负责什么工作？"

我认为像上面的那样，可以告诉对方重逢之后的惊喜或是询问对方的近况。在聊天中使用这些锦上添花的形式是没有问题的。当然也不是只说这些就对，还可以在此基础上加一些能够表达自己内心积极向上的言辞。

碰到陌生人做自我介绍的时候这个想法也同样适用。

自我介绍的一般样式是"我是某某，请多多关照"。将此稍微改一下，改成"我是某某。（停顿一下）请多多关照"的话，大家对你的印象会大有改变。还可以再加一些内容，例如"我是某某，作为一名用户我非常期待这次的活动。请多多关照"。

在人数较多的见面会或是宴会，如果你是主持人的话，你也可以这样说："首先是自我介绍，只说自己的名字不好玩，大家可以以'我是某某。实际上……'的方式加一些自己不为人知的性格或者兴趣。我先来……"

One Point! **要点** 在打完招呼之后，不要一句话说完而是停顿后再接着讲后面部分。

如何消除现场紧张气氛

你了解"破冰行动"吗？

□ 做过　□　听过　□ 不知道

碰到第一次见面的人、碰到好久不见的人，或是开始演讲的时候我们总觉得气氛有些紧张，非常尴尬。大家碰到过这种情况吧？

在这种情况下，"破冰行动"这个词值得我们记一记。这个词的意思正如同字面意思那样，缓解紧张的氛围，促进成员之间的交流。

可能在读此书的各位也有这样的经历：在交流会上或

是研修会学习的时候，我们可以动动脑筋加个自我介绍，或是以几个人为一组做个简单的游戏来"破冰"。

在我以前参加的研修会里，有这样的一个"破冰行动"：和坐在你旁边的人做"文字接龙"的游戏。我当时内心想"这个年纪还做文字接龙游戏？"觉得这样做有些幼稚，但是当时大家玩得都很尽兴。

无论是什么样的契机，只要现场的气氛和谐，之后的聊天就会变得十分顺利，而且参加者的参与意识也会提高，所以交流会或者研修会很容易变得热闹起来。

将这种"破冰行动"融入聊天里来吧。在刚刚开始聊天的时候，我们就可以采用这个策略彻底地缓解紧张感。

话虽这么讲，但是在聊天的时候，没有任何铺垫直接开始小型游戏的话，别人会觉得这个人很奇怪。在本节中，我想为大家介绍一些实用且易操作的想法和方法。这些也是我在上培训班的课程或是和家长面谈的时候采用的一些说话方法。

首先我们应当意识到所谓聊天的"破冰行动"并非单口相声的"包袱"，而是电视节目里的"暖场"。

相声艺术家在进入主题之前，会说一些时事的话题、当地的话题，抑或是自己身边发生的事情来引起观众的兴趣。这些话题活跃了气氛且在刚刚好的时候相声艺术家可以直奔主题，这一行为在相声界称为"抖包袱"。如果在聊天时可以再现前面的内容当然是再好不过的了，但是普通人做起来却是有些困难。也就是说只有相声艺术家才能够一个人将场子撑起来。

我们可以采用的"破冰行动"应该是"暖场"。

那么，什么是"暖场"呢？它就是在录制娱乐节目等之时主持人在进入主题之前对内容等所进行的说明。通常他们会对观众说："嘉宾入场后，请大家热烈鼓掌。我们先试试。嗯，嘉宾入场了。（观众的掌声）完美！正式开始的时候希望大家以此5倍的掌声来欢迎。"

就像上面的那样，有人会告诉观众拍手的方法、发声的方法。而且不仅是简单的说明，还可以让观众通过实际拍手、实际发出声音来练习。

虽说是一个特别简单的举动，但是做和不做节目录制的气氛会大相径庭。由于有了暖场活动，所以观众生理和心理的紧张感会得到减轻，身心会如同打了一剂强心针，气氛会变得非常活跃。只有在这样的一种氛围之中，演说家才会发挥自己的能量。

使得对方的身心活动起来。这个想法也可以用到日常会话当中。

一开始我们应当想如何最大限度地使对方的身体和内心产生某种化学反应。

即要有意识地促使对方产生某种反应，如应答、共鸣、惊讶。

譬如，在每年进行的第一堂课上，我经常做的事情是让大家举手。

"擅长古典文学的人？"（哗啦哗啦有人举手）
"好，不擅长的人？"（剩下的大部分人举手）
"想学好的人？"（基本上全员举手）

这么一试的话，在场的所有的人都会用身体做出某种反应。正因为有了这个小小的举动，大家听了我说"哦，对啊。所以大家才会选了这门课"的话之后才会发笑。因此，这个小举动使得气氛变得活跃起来了。

上课或是研究的时候可以请大家举手，聊天的人不多的时候，可以请大家点点头。现场气氛有些不自然的时候，我们首先想到的是应当使得大家产生如上的反应。

说一些不漂亮的话也行，但是在刚开始的时候，我们一定要说一些话让对方回答。

比如说"今天比预想的还要冷啊""一到年底大家都会忙得晕头转向""某某公司倒闭了，令人吃惊""嗯""对啊"像这样，只要对方肯接你的话茬，什么话题都可以。

无论话题是什么，只要对方有反应就可以给予说话者勇气。

在聊天的过程中，最难受的事情应该是听众没有反应这件事情吧？

有的人无论别人怎么说，他的表情丝毫没有任何变化，对于这种人来说聊天就是对牛弹琴。

只要能够让对方做出某种反应，说话者就会积累自信，紧张的心情会放松些许。聊天会变得容易进行。所以从这种意义上来说，促使对方举手或是点头的"破冰行动"就是有意义的。

另外，为了使得对方做出应答，我们也可以让他觉得"做这件事是在帮他"，这也不失为一个有效的策略。再者，在演讲等让人感到紧张的场合之中，将自己的心情如实告诉听众也是一个方法。我在这些场合经常会说：

"大家一看就知道我的性格容易紧张。在每年第一次演讲的时候我都会紧张得肚子疼……所以想拜托大家一下，能不能在听我演讲时通过点个头或是其他方式给我一些反馈？如果可以的话，相信今天的内容会十分精彩（笑）。"

如果是不好意思拜托大家的话，也有如下的说法：

"由于是第一次见面，难免我会有些紧张，可能有的地方词不达意。如果有的地方没有听明白，请大家告诉我!"这么一说，很多人就会微微点头以示听懂了。

请大家记住一条：在聊天刚刚开始的时候，为了使对方有回应，我们可以采取"破冰行动"。

要点 像电视节目的暖场那样，说一些能促使对方应答的话，聊天便可以顺利开展下去。

增加寒暄的类别

 向别人问话时，你使用点头致意、寒暄的次数多吗？

☐ 较多使用　☐ 还好　☐ 基本不用

如何使得聊天更有趣？最快的办法就是当一名好听众。

这里的"好听众"是从说话者的角度来看的"好"。具体讲是让说话者有更多的欲望想表达，包括：

①点头致意：我在听，我听明白了。

②寒暄：告诉对方你认可他讲的内容或告诉他你非常欣赏他。

③提问：告诉对方我对你的话题感兴趣。

有了这些反馈的话，说话者会愿意继续讲下去。

作为一名讲师，我有机会跟几岁的小学生或90多岁的老年人聊过天。通过聊天我有这么一种印象：越是年轻人他们越不擅长点头致意和寒暄。

譬如有这样的一个学生：他是我的培训班的一个学生，每周上2个小时的课，但是听课的时候全程无表情。我担心他"是不是觉得课程没意思"，所以上课时如果这个孩子在的话，我也会感到紧张。

然而这个学生考完试之后写了一份"考试合格体验记"，在读他的这一份体验记的时候，我才发现他在里面是这么写的："吉田老师的课很有趣，课上我总是笑个不停。"读了"考试合格体验记"后，我就问他："上我的课的时候你不是一点也没有笑吗？"

这个孩子内心一定觉得我的课有意思吧！只是这个孩子没有将此表现出来而已。这是这个孩子的个性，是他有意思的地方，然而从交际学的角度来看的话，这是不划算的。

不管怎么说，整整一年和他接触的时候我都感到不自在，我一直认为他一定是觉得我的课无聊，因而整天深感不安。可能上课时也不自然。这个事情对于我或对于那个孩子来说都是遗憾的事情。

不仅仅是这个孩子，也有很多人很少将内心感到的愉悦和有趣的地方展现出来，尤其是年轻人。他们大抵反应冷淡。你想必也一定是这样的。这样的话现场的气氛容易变得不自然。

有可能有人在网络上的话对他有反应，但是到了现实中，他就容易忘记这一点了。

在社交网络或是在线游戏上，他们可能会写"长草了"①，在LINE②里他们可能会发一些爆笑的表情，但是在现实中他们就会不说话、没有表情，应付了事。这些人可以叫他们"网络辩庆"③吧？

在这里我也不是要让大家面对第一次见面的人时就

---

① 在网络空间"笑"可以用"www"来表示，而三个"w"放在一起可以形象地看成"长草"的状态，所以"长草了"是"大笑"的意思。——译者注

② LINE是日本人常用的聊天工具，相当于我国的微信。——译者注

③ 辩庆（？—1189）是日本镰仓初期的高僧。日语中的"内辩庆"是指在家里逞能但是一出门便变得胆小懦弱的人。"网络辩庆"是指在网络世界中非常健谈，但是一到现实世界就话很少的人。——译者注

使用网络用语。我的意思是说大家见面的时候一定要把自己的感受以表情或是动作的形式表达出来，哪怕以你输入"wwwwww"的十分之一的感觉也可以。

可能有的人有过因反应过度而遭人厌恶的经历。除这些人之外，我们一般都可以认为自己属于"反应冷淡一族"。虽然那些假惺惺的过度反应是不需要的，但实际上我们可将自己所感所见放大到1.2倍。

对于对方而言，一般我们的意图不能完全传达给他。如果假定我们心情的80%可以传达给对方的话，1.2乘以0.8等于0.96，也就是说我们只有将心情"乘以"1.2倍，对方才能感受到我们的心情。

"1.2倍点头致意""1.2倍笑""1.2倍吃惊"，所以从今天开始我们可有意识地多关注这些词。

互相对视、互相致意、互相寒暄、不时插话也是值得推荐的。

如果同一个寒暄语反复使用的话，会使对方感到烦躁，所以我们可以增加一些寒暄的类型，如"对""嗯""是的""是吗""哦""这样啊""原来如此""的确""您说得对""确实""真的吗""那个啊"等。

诚然，当面对长辈的时候，"真的吗""那个啊"是不可以说的。故我们在使用寒暄语的时候需要考虑到和对方的距离。

若是再加一句"您这么说是?""某某地方能否再详细说一说?"等的寒暄用语，可以说自己是一名好听众，因为这些寒暄可以使对方接着话题继续聊。

话又说回来，寒暄虽是寒暄，但是"不过""那个""不"等话语是不可以使用的。将上面的词当作口头禅的朋友，应该多注意了。

因为这些人有可能和别人聊天的时候不仔细听别人讲话而是马上反驳对方。

如果自己的话被对方打断，他就会变得焦躁不安。因为人是感情动物。即使你反驳得对，但也有可能会被别人认为你没有好好听他的话。这对于你来说是不划算的。所以先不用反驳，先将别人的话听完是上策。

如果这个场合你无论如何都想反驳，那么你整理思路之后可问对方"这么说的话""也就是某某吗"。

有的时候我们会觉得对方的意见不对，如果放任不管的话是不行的。这个时候也可以直接说"这个不对"，但是说这一句之后自己容易受到攻击，所以可以考虑换个表达方式，例如"某某在你的讲话中涉及了……，对于某事您是如何考虑的"，这个表达可以让对方意识到他意见的矛盾点和盲点，从而促使他改变自己的意见。

要点 收获的效果会增加到两倍。

使聊天顺利进行的话题

Ask Yourself

自测 聊天时你有固定的话题吗？

□ 有　□ 没有

见面会上，全员都到了，在等待会议的开始。

和顾客谈完生意后，距离送他离开还有一段时间。

在会餐等场合，离开始喝酒还有一段时间。

这些时间虽说都很短暂，但是这段时间双方都沉默不语的气氛会让人感到呼吸不畅。

相反，如果能在这段时间聊聊天，双方的关系会变得融洽。

在这里，我愿意向大家介绍一些当我们没有话题聊的时候，我们该如何选择一些无可挑剔而又可以使聊天顺利进行的话题。

例如，气候、娱乐（兴趣）、新闻、旅行、天气、家人、健康、工作、服饰、饮食、住房。

对于那些讲话时不善于随机应变的人来说，我们可以提前在表里找到与自己相关的话题，并可以把它们写下来。

同时，我们也可以提前了解一下对方，这样的话，在聊天时就可以和对方有事可聊。这个办法是行之有效的。

气候。"天气变凉（热）了啊""马上就到该吃火锅的季节了啊"等都是我们每一个人都会使用的常用话题之一。这个就和我们在写信或是写邮件中常用的"时节寒暄"差不多。

如果和自己的出生地挂上钩的话，话题会变得更丰富，譬如"我是来自北海道的，所以不太适应梅雨""听说您是京都人，京都的冬天是不是很冷"。也可以谈一些有关年节活动的事情。

娱乐（兴趣）。如果我们和对方聊相互的兴趣的话，会增进相互的了解。也有人不想讲，这个时候我们不要强人所难，可以通过询问"某某同志，休息的时候你是出去玩吗？我最近迷上了钓鱼"，像这样以自己为中心来等待对方回应的聊天方法是无懈可击的。

新闻。我们可以聊一些那一天或是那一周应景的话题。如果恰巧这个话题对方不知道，我们可以向他提供一些信息、提供一些帮助。请注意这个时候不要以一种"我告诉你"的施恩于对方的态度来告诉对方；同时也不要以一种"居高临下"的态度来告诉对方！

如果只说娱乐界丑闻的话，别人会认为你没有品位，抑或如果谈及一些有可能产生意见分歧的政治性话题的话，聊天双方有可能会产生一些不必要的对立。所以我们在聊天时应当注意哪些新闻可以聊、哪些不可以。

旅行。如果是在对方休假前（后），我们可以问一下"这次某某是不是要去（去了）哪些地方玩"。

或是我们也可以跟对方说自己此次旅行觉得很棒的地方，自己想去的地方等。譬如"明年夏天我想多玩几天，你有推荐的地方吗"。

天气。倘若我们有一些信息如"好像今天从傍晚开始要下雨"，我们可以告诉他人，这会让别人觉得你很热心。

如果碰到天气不好的时候，别人来拜访你，请不要忘了跟别人说句慰问的话："天气这么不好，您还特意来一趟，实感抱歉。"

家人。对于那些非常疼爱自己孩子的人，我们可以问"您家孩子今年几岁了"，这么一问的话，当场的气氛立马会变得十分活分。宠物话题也一样。

但是若问"你还没有孩子"的话就感觉将自己的价值观强加于别人，这个是不合适的。单是问"你结婚了吗?"这一句，有的人就会因为不愿意被别人问及与工作无关的隐私话题，而感到不快。如若双方所处境况相似的时候，我们可以互相吐槽一下无法兼顾工作和育儿的困难，互相聊聊护理老人的艰辛，再互相说几句鼓励的话，这样可以缩小双方的距离。

如果碰到对对方的事情不熟悉的时候，我们也可以单聊聊自己这一方的事情。

健康。我们可以和对方分享一下通过自身实践得出的信息。有的时候我们也会问对方"某某同志你对保持健康是否有什么秘诀呢"。

反之，如果听到对方生病或是受伤了的话，我们可以问一问"从那之后，你感觉怎么样了"。

但是和刚刚说的"家人"话题一样，我们应当避免问一些别人不想被问到的问题。

工作。令人惊奇的是，在一些轻松的聊天场合有一些话题还是很有用的。所以我们在聊工作话题的时候，可以聊一些轻松的、在非正式场合才能聊的话题。

如果有人像下面这么聊的话，可以认为他是聊天的"高材生"。"某某同志，你之前是负责××部分的吧，其实前几天我个人也购买了（你负责的那部分的产品）"，即我们可以提前收集一些相关的信息，而后在聊天的时候将其说出来，这样的话气氛会变得融洽，如果有人可以这样的话，那么可以认定他是擅长聊天的。

服饰。这是有关服装、服饰等的时尚或者是有关发型的话题。如果我们察觉到了对方的一些小细节而去表扬他们的话，对方会觉得很开心。

如果不知道如何表扬对方的话，我们可以直接省略谓语，只说一句"咦，发型"只要把自己发现的事情传达给对方就可以了。特别是男性跟女性说的时候，有可能被人家误认为是骚扰，所以这一点要注意。

饮食。这是有关食物、餐馆或是最近吃到的好吃的食物的话题。如果与对方共同使用一个食堂、都在公司附近的小店吃过饭，则我们可以聊一些可推荐的菜单或是限时的菜单。

住宅。如果当时允许的话，我们可以问问对方"某某同志你住在哪儿"，而后接着问问附近的街道样式、特产和可玩的地方。

如果对方不愿意回答的话，我们可以说有关自己的话题，说一些有关公司所在地（包括己方和他方）的事情。如"听说您的公司在神乐坂，那附近一定有好玩的地方吧"，或是"我的公司离车站近，有的人总迷路，您是马上就找到的吗"。

要点 如果我们准备有关气候、娱乐（兴趣）、新闻、旅行、天气、家人、健康、工作、服饰、饮食、住房等的话题的话，聊天会变得很顺利。

通过"各个击破法"提高聊天能力

在教育领域有这样一种方法——"各个击破法"。我们有的时候即便设立了很高的目标，但是无法很快地达到。所以这个时候可以尝试使用一下"各个击破法"。"各个击破法"的要义在于把到达目标的路径细分，而后瞄准目标将其各个击破。

想要提高聊天能力，"各个击破法"也适用。相反如果从一开始定的目标就是"我想当一个擅长聊天的人"的话，这会让人觉得十分吃力。

我们可以从一些小事情开始。我在这里总结了一些简单的练习方法，请大家参考。

◎ 在乘坐电梯时，如果有别的人也在，我们可以说"您去几层"，（先下的时候）可以说"我先走了"，（有人给按了开门的按钮的话）可以说"谢谢"。

◎ 在吃完拉面或是牛肉盖浇饭离开店的时候，我们可以看着店员说"谢谢款待"。

◎ 在居酒屋或是餐馆结账的时候，我们可以说"很好吃""肉的蘸酱很不错"，告诉他们你的感受。

◎ 在宾馆退房的时候，我们可以问一句"在这附近有没有什么地方值得去一去"。

◎ 在商业信件之中，我们可以加一句"天变凉了，请多注意身体""非常期待与您在见面会的场合相见"。

第三章

收集让聊天
停不下来的
话题

不要总沉浸在网络世界里

 你多久去一次书店？

　　□ 基本上每天都去　　□ 大概一个礼拜去一次
　　　　　　　　　□ 大概一个月去一次　　□ 根本不去

　　现在信息、娱乐的消费周期在逐渐变短。一年前的流行语现在早已不再流行（你还记得它是什么吗），一个月前的艺人丑闻现在早已变成"啊！好像有这么一件事"。就连一个星期前的推特话题今天要不要讲，我们也可能会犹豫。

　　诸多话题突然冒出来而后马上又被大家遗忘。这一现象被称为"信息洪水"或是"信息超载"。

当然在闲聊时，我们也可将流行的话题提前熟悉一下。但是最新的信息鱼目混珠，里面既有有价值的也有无价值的话题。为了不被时代所淘汰，我们拼命地收集一些信息，但是有的时候不免会被一些垃圾信息所困。如果有时间回头看看的话，我们会发现一些信息和自己的生活一点儿关系也没有，比如谣言等。

我们在收集聊天话题的时候，一方面要确保自己有一两个收集最新新闻和人气话题的信息途径，一方面也要注意不可操之过急。因为即便我们不是每天按照时间线来追踪那些新闻也无所谓。在信息社会，反而是下面这一类人会遇到极大挑战：他们容易被当下社会所遗弃，他们只知道收集几天的信息，这类人干瘪而没有实才。

在信息社会，很多有价值的信息是和大量的垃圾信息绑定在一起的，这个令人感到遗憾。

在这样的大背景下，"慢媒体"这个词应运而生。或者有人也把它称为"慢新闻"或是"慢传媒"。这并非是重视速度而迅速更新信息的快媒体，而是倡导"慢节奏"的一种尝试。

与其发布一些主观揣测或是谣言等缺乏准确性的假新

闻，倒不如花点时间认真采访，探究问题的本质和背景，之后提出问题。这才是媒体本来的样子。在各家媒体纷纷报道最新信息的背景下，慢媒体所遵循的方针应该是重视基于单独采访、调查的社会问题（调查报道）。

作为成年人，我们想接受的应该是"长期适用的信息"。

近年来，"个人修养""古典文学"重新受到了人们的关注。我认为这应该反映了当代成年人这样的一则需求，那就是在快速信息消费当中，人们想要返璞归真，想要重新阅读那些历经成百上千年而生命依旧很旺盛的作品。这展示了人们想要"探究知识"的一面。

能够偶遇经典信息的地方应当是书店、图书馆。

我们如果去书店找岩波文库、角川索菲亚文库、讲谈社学术文库等专柜的话，应该就可以看到那些广为流传的古典名著。

无论是哲学还是美术、音乐、单口相声，只要我们有兴趣就可以去书店专柜看看。这样一来，我们可能在书店里就会发现成体系的入门教材，或者即便只是去确认一下书名这一个动作也可能成为我们开启阅读大门的一把钥匙。

在网络上，信息大多是碎片化的。而且在收集信息的初始阶段，我们也不知道该检索哪些关键字，有的时候这会影响我们准确收集信息。

另外，如果从聊天话题的角度来说，我们去书店也可以获得只有在这里才能得到的体验。

在书店里我们可以收集到"刚刚好"的最新信息。所谓的"刚刚好"说的是排行榜的事情，它的特征是时间非常短，进一步解释的话：一是第二天马上就会被遗忘，二是短时间内不再流行。

除我自己喜欢的领域外，我定期会去以下3个专柜：

①畅销书专柜。

②商务书专柜。

③杂志专柜。

在这3个柜台，只是看一下平装书的封皮或是在附近转一遭，我大概就可以把握现在人们对哪些事情感兴趣，社会上对哪些问题关心等。

在此基础上，我会查查那些在好几本书内都提到的关键词，或是考察一下为什么畅销书现在这么火。最后我经常会将畅销榜头名的书买回家。

并不一定是以自己的兴趣来读书，而是"通过书籍来了解当今社会流行的趋势"，养成这个习惯之后，我们就可以对着时代的潮流发出自己的声音。

要点 去书店、图书馆的话，可以发现长期适用的聊天话题。

不要讲别人不熟悉的内容

你的公司和家庭有独特的习俗吗?

☐ 有很多　☐ 还好　☐ 没有

我的老公第一次来我家的时候,有一件事情令他感到特别奇怪。

在我家,有一个习惯那就是元旦那天家里所有人要聚集在一起,依次讲新年愿望。如果不说的话,小孩儿是拿不到压岁钱的!看到这个,我的老公感到很奇怪,说这个他以前根本没有玩过!但是我觉得"嗯?这个难道不是每个家庭都会这么做吗",反而我感觉很奇怪。

这件事情让我再次认识到了在自己的世界里认为是稀松平常的事情在别人看来不一定是这样。

我们在不知不觉中会把自己的想法、做法绝对化，认为"这么干是理所当然的"，而且可能就不把这个当回事了。这些只有在你和别人做比较或是从别人的角度来观察事情的时候，你才会意识到这一点。我将此称为"相对化"。

一边"相对化"，一边观察自己或者自己家人的做事方法不失为增加聊天话题的一个方法。生活习惯、自己家家务活的特点、夫妇角色等，我们都可以将其作为聊天的话题。

"我们家是这样的，这种方法是不是很普通？"

"我一直是这样认为的，田中家是怎么做的？"

这个时候无论是别人表示赞同"是，是的"，还是别人表示反对"不可能"，这些都可以成为聊天的话题。

说到这，我想起了一个叫《秘密县民秀》的电视节目，它是由读卖电视台制作的一档娱乐节目。在这个节目里，每期会邀请某某都道府县出生的一名演员，请他介绍只有在当地才会有的活动、习俗，还有当地民众的特质。

这个节目历经10多年还依然有很高的人气，原因不仅仅在于节目在当地的群众心中引起了共鸣，而且在于可以使不在当地的人们获得一些新鲜的知识，如"哎？居然有这样的一种食物""天啊！居然盂兰盆节这么过"。

和上述地域性内容相类似的是，由于一些行业、职场而产生的不同的工作特性也是很有趣的。

以前曾经有这样的一件事：已经毕业的学生有一次回学校来看我，他临走的时候说了一句"请您注意安全"。我觉得很是奇怪，于是追问他为什么会说这个，他说这个是他在上班时经常说的，今天他顺嘴就说出来了。看到我感到诧异，那个学生反而觉得很困惑，问我说"有那么奇怪吗"。这个寒暄语好像在钢铁、建筑行业常用。如果从毕业以后就在同样的单位上班的话，我们好像难以发现自己工作的特性吧！

我自己换了好几次工作，正是基于此才能发现现在职场和以前职场的不同特性。下面是我总结出来的几点经验：

自己所在公司里的熟悉的东西在别的公司不一定熟悉。

自己所在行业中"理所当然的事情"在别的行业可能是"不可能"的。

自己所从事职业中"做这个是应该的事情"在别的职业看来会被认为"有必要那么做吗"。

这么一说从近年来电视剧节目中我们也可以看到这一点。常播放的医疗题材、刑事题材电视剧节目自不必说，描写别的行业的电视剧也是人气很高，如《半泽直树》（银行业）、《重版出来！》（出版业）、《卖房女人》（不动产业）等。这一现象无疑反映了人们希望可以看到在不同于自己工作的行业中哪些地方会很有趣。

有一本叫作《这个垃圾无所收集：一名垃圾清洁工看到的不可思议的场景》的书，它是于2018年上市的，获得了很高的社会评价。

它是搞笑组合"双机关枪"（Mashinganzu）成员泷泽秀一写的，在这本书里，作者问到录像带、牙刷是可燃垃圾还是不可燃垃圾。

一般我们可能会认为"这些都是塑料制品，有可能是不可燃的"，但是从垃圾清洁工的角度来看，由于他们了解到垃圾焚烧技术的最新研究成果，所以他们认为塑料制品无疑应当被认定为可燃垃圾。就像这样一部可以让我们获得新知的书籍，让我们了解到业界里的一些理所当然的"新知"。

当然不局限于此，从旁人的角度来观察某公司或是某个业界的事情也是很有趣的。

在此由于有保密义务，我也只能点到为止，跟别人谈及自己所在的行业、所在的公司的特性也是很有趣的。我们在和别人聊天的过程中，需要仔细研究哪些地方是别人认为有趣的地方。

另外，我在聊天过程中上班时间也是常使用的固定话题。如果是在培训班工作的话，上班时间是比较特别的，所以我一般会跟大家这样介绍："大家猜一猜我上班时间是从几点到几点？嗯……一般是朝九晚六吧？因为培训班是在学生下课、结束了课外活动之后才会开始的，所以一般情况下，下午两三点去上班，晚上十点、十一点才会下班。"

所以大家也可以收集一些在自己刚刚就职、跳槽时候感到奇怪的习惯、规则。如果是上班时间久了的人，他可以重新审视一下自己的哪些地方与别人不一样。

　　如果有意识地观察自己的工作方式、职场规则、公司仪表、用语的话，我们就可以有新的发现。同时听好朋友讲他的工作或是听他发牢骚，我们虽然有的时候会有一些违和感，但这个时候正是可以回过头来发现自己的一些特性的一个时机。

要点　即便是自己觉得理所当然的事情，有的时候别的人也会觉得很奇怪。

如何收集公司以外、行业以外的话题

你是如何获得公司以外信息的？（可多选）

□ 朋友　□ 杂志、报纸　□ 网络　□ 平时并没有多注意

宽广的视野可以为聊天、商务活动的顺利进行保驾护航。

如果只看到眼前的工作未免有些可惜。除自己行业、公司的话题，我们还可以了解一些其他方面的信息。这些话题不仅可以成为聊天的谈资，而且也可以为我们的思考或是工作方式提供新的启示。

快速可实践的方法有二：

第一是读《日经市场营销期刊》，也称《日经MJ》。

"MJ"是市场期刊的意思。与一般媒体注重政治问题、社会问题、体育赛事不同,《日经MJ》主要关注消费、流通、市场等信息。

由于《日经MJ》主要介绍各企业的最新动向、社会趋势等,所以对于商务人士来说可以获得很多的参考。在《日经MJ》上面刊登的企业信息中有关服装、饮食、教育等服务行业的信息较多,所以我们在阅读的时候会发现即便所报道的行业并非自己的行业,但因为上面的很多内容都是从消费者、用户的角度来分析的,所以读起来还是受益匪浅。

再者,《日经MJ》每周一、周三、周五的时候仅仅发行早报,所以一天的阅读量也不多,这可以打消我们如果不阅读的话是不是报纸会堆得很厚的担心(仅仅与一般的报纸相比)。同时《日经MJ》也有电子版,所以在自己空闲时可以随时浏览。

另一个方法就是在推特等社交媒体上,查找那些在别的行业非常活跃的人的账号并关注他的状态。

虽然我只是一个培训班的讲师,但是我有意识地关注了包括医生、护士、律师、咨询师、程序员等各个行业的人。这为我和学生聊天时提供了很多有益的信息。

最近很多偶像、演员、画家等也纷纷开设了自己的推特账号并发布了一些信息，他们发布的方式令人玩味，有的时候我们也可以看到他们为了自己的作品花费了多少工夫。总之，通过观察这些信息，我们可以看到另一个自己不熟悉的世界。

接下来我列举一些在这个过程中，我发现的一些有参考价值的内容（截止到2019年2月）。

《7个法则》（富士新闻网，关西电视台制作）。

《情热大陆》（TBS电视台，每日放送制作）。

《周一大挑战》（TBS电视台）。

《日经特别版　大地黎明》（东京电视台）。

《日经特别版　寒武纪宫殿》（东京电视台）。

《达人面对面》（NHK电视台）。

《匠人工作要义》（NHK电视台）。

通过了解各行各业名人的事迹，我们可以找到聊天的话题。在搜寻这些话题的过程中，我主要注重以下两点：

①找出能够吸引人眼球的话题。

②要感知其内部蕴含的潮流。

"能够吸引人眼球的话题"是指其与众不同的引人注目的地方。聊天的时候将这些部分拿出来的话，别人会连连称奇。

换言之，就是说我们应当找到那些可以成为"投球游戏^①"的话题。例如以下这些有冲击力的话题：

关于"初次"的话题（史上首次、国内首次、××内第一次）。

带"最"字的话题。

压倒性的大数值。

现实与预期的差距。

离奇的事情。

独特的嗜好。

---

① 这里的"投球游戏"指的是棒球中的投接球游戏，即一个人将球投出，另外一个人将球接住，而后再投给对方，而后重复。这里指的是别人可以接过你的话茬继续聊下去的意思。——译者注

内部的潮流是指我们需要发现隐藏在一个事例内部的东西。可以说是规则化、抽象化的东西吧？如2019年1月ZOZOTOWN电商网站董事长前泽友作将1亿日元随机分给100个人每人可得100万的举动，这个话题引爆全网，有超过500万次以上的转发，这在大众传媒界成为热门话题。

如果我们可以将其与几年前人气YouTube博主做了类似一个企划的事情相结合考虑的话，我们可以得出这样的一个假设：即比起作品本身、人物角色设定本身，那种给网民真正实惠的企划才能博得人们的眼球。

如果将这个假说运用到自己行业、自己的公司如何？如果将其再扩大范围的话，它不仅超越了聊天的范畴，甚至可以为商务活动提供点子，为职场提供改善方案。

要点　通过《日经MJ》和社交媒体有效、广泛地获得信息。

旅行话题的力量

 自测 **三个月以内有没有旅行过？**

□ 去过几次　□ 没有去过

旅行的话题很方便讨论。

和同样旅行过的人聊天时——由于可以产生共鸣所以聊天很顺利。

和没有旅行过的人聊天时——可以向对方提供一些信息。

即便对方没有去过所涉及的景点我们也可以和他聊

天，所以很方便讨论。

那个有名的景点、食物实际上怎么样？

出乎意料好的地方是？

如果对方之前去过，有没有哪些可以推荐的地方？（值得注意的地方）

上面的这些话题在聊天的时候，如果我们加入一些自己的感情进去的话，当场的气氛会变得十分融洽。

比起网罗"5W1H"[①]的客观聊天来说，如果我们在聊天时注重自己的感情的话，对方在听的时候就不会感到无聊。这是因为客观全面的信息我们可以通过书籍或是网络搜索来获取，而主观感受却是无法通过这些渠道获得的。

即使有的时候没有去旅行，我们也可以聊一聊有关一些网红的景点或是家附近新开的店铺的话题。

不过有一点需要注意：我们在聊这些的时候，要注意一定要将话题集中于"什么""怎么样"上。

① 5W1H是指原因（Why）、对象（What）、地点（Where）、时间（When）、人员（Who）和方法（How），是一种思考方法。——译者注

因为聊天的时候，有的人会逐渐将话题引到"我去了那个地方""我选了那个地方"等，未免会有自吹自擂之嫌。即要注意不要向对方夸耀。

要点 如果我们带着感情谈论旅行话题，聊天会十分投机。

你是否有一些不同于常人的爱好

你的爱好是什么？请列出三个。

（　　　）（　　　）（　　　）

在你众多的爱好里，有没有特别的爱好？

如果我们有一些他人没有的、有个性的特殊爱好的话，聊天的时候就不会发愁。

我的另外一个身份是自营业主，为此在名片上除了印有我的联系地址和简单的工作介绍，我还加了一栏，上面写了"爱好是三味线"。正因为如此，所以在和陌生人互换名片之后，一般还会有一段有关三味线①的聊天。多数时候对方会问"啊，你会弹三味线啊？什么时候开始学的"。

如若是只谈论自己的爱好的话，可能会招人嫌（第一章3至4页）。但是单单是回答别人问题的话不会产生此类问题。

我们时刻应该做好这样的准备：当别人问你的时候你可以和他开始畅聊你的爱好。因为这有可能成为新话题的由头。当我说起"我喜欢歌舞伎，在去看表演的过程中，逐渐爱上了伴奏乐器三味线"，这样的话，就会产生如下的对话："您喜欢歌舞伎啊？""是的，喜欢中村七之助。""啊，他演过电影。"

当然有的时候也会产生如下的沉默："你喜欢三味线啊，哦……"

有的时候聊着聊着就会没有话题，所以我们可以预先

① 三味线，日本传统乐器。——译者注

准备一些固定的话题，这些话题也可以与爱好相关，它可以让门外汉也产生共鸣或是感叹。

请参考以下的例子。

这样的话，无论对方是什么样的人，我们都可以通过三味线的话题与他聊30秒或1分钟，所以这特别管用。

所以我建议如果是自己做名片的话，可以设置一个爱好栏。

如果有人不用名片的话，那么他可以在自己的社交媒体的简介栏里添加一条，或是在做自我介绍的时候稍稍加一条，总之通过这种方式来创造一个聊天的契机。

共鸣的例子

"自从开始学三味线之后，我总能体会到小时候那种感觉。"

这么一说，大多数人会说"学习态度还是很重要啊"，会认可说话者并与其产生共鸣。

吃惊的例子

"我自己也是学了三味线之后才知道的，你知道三味线是什么做的？是猫皮或者狗皮做的！所以现今从动物保护的角度来说的话，三味线不好做了。现在业界都在集思广益，听说有人拿袋鼠皮来做。"

像这样，我们可以跟对方聊一些杂学知识，对方今后也有可能在跟其他人聊天的时候使用。

再者，如果聊一些比如说"读书""影片鉴赏"等很普通的话题，即便将这些写在名片上我们也感觉这个话题不会聊下去。诚然聊一些特殊爱好当然很有趣，但是没有也不用特别在意。当然有一些方法可将你的兴趣当作聊天话题：

①读书（比如说某个运动员的散文）。
②每周必去一次电影院的电影爱好者。

像这样，将聊天内容具化到某一题材或是频率（爱好程度）。那么聊天就可以顺利进行：

"您喜欢哪个运动员的散文啊？有什么可推荐的吗?"

"您看过这么多的电影啊。现在火爆的××您看过了吗?"

"个性"意义上的特殊化?

"具性"意义上的特殊化?

无论是哪种聊天方式,我们都要记住一条:在聊天的时候通过将自己的兴趣特殊化来引起别人的兴趣。

要点 普通的兴趣可以通过题材化、频率化的方式变成聊天的话题。

第四章

如何让别人感觉
你很有趣

如何博得对方的欢笑

在聊天或是碰头会时，你擅长博得别人的欢笑吗？

□ 擅长　□ 不擅长

　　我们在聊天时想让对方发笑，于是就会想各种方法，然而电视中的一些综艺节目在这方面可以成为反面典型。

　　在2007年至2014年，日本富士电台旗下有一个叫《爆笑红地毯》的节目，虽说这个节目大家都使用了"大笑""大笑满分"这样的辞藻来夸大其词，然而我认为聊天里没有大笑也行。

　　这是因为在大人之间的聊天里微笑就可以了。脸部放松，紧张感消除。获得这样的微笑的话，我们就可以认为在这次聊天中获得了十足的胜利了。

如果在日常聊天中一味地追求大笑，那么气氛有可能变得扫兴，聊天双方有可能会感到不快。

一般认为一些奇怪的举动有可能引起在场的人发笑，但是与说话者产生共鸣的人也是会笑的。有些艺人会表演一些小品，再现那些常用的段子或是模仿现实生活中经常会出现的人的动作，看到这儿的时候，在场的人一般会说"是""有这样的人"，然后不由得会心一笑。

职业的综艺艺人如果不讲一些厉害的段子是不会受到欢迎的，但是我们普通人在与大人聊天的时候，即便话题一般，也是可以引起对方笑的。

就像下面的聊天也能引起对方发笑。

"这么冷的话，从被窝里爬出来也很难啊。""是啊。"

在这个聊天中再加一句"就是因为这个原因，今天起晚了，所以下了电车就拼了老命跑到公司"的话，就有可能引起对方再一次发笑。

自己的失败经验或是以前受过的苦，这样的事容易成为话题。如果我们过度讲自己的自虐话题的话，有可能被人觉得自己很卑微。但是比起那些严丝合缝的没有任何余地可说的完美主义者，坦率地讲一些自己的失败经历的人与别人聊天时，气氛不会紧张且会变得非常轻松。

反之，还有一个秘诀：表扬对方也可以使氛围变得很融洽。这是因为当听到有人表扬自己时，被表扬的人通常会谦虚地说"那个不值一提啊"，然后会羞涩地一笑。

如何在聊天之中引起别人发笑？还有一个秘诀，那就是使得聊天的节奏在紧张与缓和中交替进行。

比如在一个正经的语境中说一些正经的话题，使得气氛变得严肃之后，我们可以抖一个无关紧要的"包袱"。比如下面一个例子，我们可以跟对方一本正经地说"我有件事情和你说一下"，对方听到之后会说"究竟出什么事情了？我可以帮你"。在听到对方说这句话之后，我们接着问"我想问你今天中午是吃味噌拉面好，还是豚骨拉面好"。加一句加无关紧要的话就可以使双方哈哈大笑。

你这么一说，对方一定会"啊，原来是这么回事啊"，然后一定会大笑起来。所以这是由落差、距离而引起的笑。

同样当我们和客户非常熟悉了之后，亦可以开下面的
玩笑。

跟客户开头寒暄时可以说"今天劳烦您大老远跑来，
我们感到十分荣幸"，气氛变得严肃之后，第二句："好，
那么我们开始吧?"从第二句开始讲话方式变得随便起
来。对方听了你的第二句话后一定会笑，而后来来一句
"啊，你这种讲话方式令我震惊"。

要点　人都是因为产生了共鸣才会大笑的。

不要只会一个段子

Ask Yourself

自测 你有没有喜欢的段子？

□ 有 □ 无

在日语中，有"一发屋"这样的一个词。

"一发屋"是指有的人短时间人气爆棚，之后人气急剧下降的意思。这个词可用于音乐家、漫画家等，在媒体界用的时候一般指的是综艺艺人。

在日本有一个相声组合叫"髯男爵"，这个组合中有一个人叫山田路易五十三世，他曾出过一本叫《一发屋艺人列传》（新潮社）的书。在此本书中他提到了小梅

（Koume）太夫和波田阳区。小梅太夫以大喊"畜生"而被人所知，而波田（别名"吉他侍"）以大喊"遗憾"被人所了解。这些艺人都有口头禅或者段子，他们迅速成为网红，在媒体上几乎天天可以看到他们，然而一旦那些段子被人所厌倦，他们马上就会从人们的视线中消失殆尽（消失得令人觉得很残酷），这样的人被称作"一发屋艺人"。

"一发屋艺人"和"常青树艺人"的区别究竟在哪儿?

"一发屋艺人"为什么马上就消失了呢?

（1）千篇一律

他们无论怎样做，形式都过于单调，而且参加了很多节目，所以在此过程中，大众对他们的新鲜劲儿就会立马消失并开始厌烦他们。当然他们也用了新的段子，但是往往人们都觉得"先前的那个段子好""这次的段子有些微妙"，而逐步被世人淘汰。

（2）不适合聊天

"一锤子"段子或是话题都是瞬时进行的。所以它们在聊天语境中很难立足，因而在谈话节目中不适合使用，而谈话节目事实上却占了各大电台的半壁江山。

（3）人们期待值很高

除个别的节目外，大多数的节目都要求艺人在没有任何准备的条件下表演节目，他们经常被要求"弄点有意思的出来""模仿一下现今流行的那个表演吧"。

在表演前，他们就被要求弄点"有意思的""流行的那个"，所以人们对于他们表演的节目有了期待，这样做反而难以使别人发笑。有的人因为不擅长这种表演而出了一次糗，又因为有了这一次出糗的经历，所以人们觉得他们不擅长做这种表演，这样的话越发使得他们远离舞台。

为什么"一发屋艺人"会产生？大概就是基于以上的缘由吧？如果反其道而行之，艺人们只要能够克服上面的问题，他们就可以在舞台上长久不衰。这个也为我们如何提高"稳定的聊天力"提供一些启示。

（1）摆脱千篇一律

因模仿碧昂丝（美国歌手、作曲家）而大红大紫的渡边直美在谈话节目中时常说一些自己铺张浪费的事儿，时常聊聊美妆、时尚话题，通过这些使自己成为"照片墙（INSTA）[①]女王"。渡边直美多管齐下延长自己的艺人职业生涯，成了全世界关注的焦点。

因说"现在吧?"而出名的林修老师也是媒体的宠儿，林修主要因其博学多才和毒舌而被大众所熟知。

像这样摆脱千篇一律将自己的多面展示给别人是很重要的。

我们也应该博物多识，要做一个"不被人腻烦"的人。

（2）在普通的聊天上下功夫

我们不要只想着"一锤子买卖"（如模仿秀）式的乐趣，平日里要磨炼自己，将聊天变得有意思。前面我也提过，我们不应当只注意"大笑"，而要注意在聊天中要使用"微笑"。

（3）降低人们的期待值

有时候我们会碰到下面的场景：有人要求我们表演模

---

① INSTA 是 Instagram 的缩写，Instagram（照片墙）是一个以图片社交为主的应用平台。——译者注

仿秀等节目。

我们可以试着说"我不太擅长这个"，即便自己有信心也要这么说。反之，如果提高了对方的期待值，有的人可能会说"就这么点水平"。

在平时的聊天中，有的人也有一种癖好，喜欢煽风点火地提高别人对自己的期待，如：

"前几天有一个事情非常有意思。"

"特别有趣，昨天啊……"

这样的话明显使得别人的期待值提高。所以我们一定要记住：要降低人们对我们的期待值。

为了使聊天长时间地保持有趣，我们一定要摒弃"那天啊，那么有意思"这样的说法，而是要记住上面的3条法宝。

要点 我们不要想着一下子打一个本垒，而是要掌握使聊天长时间持续的本领。

会聊天的秘诀在"加法"

你可以将足球和你的工作、生活联系起来吗?

☐ 马上就可以　☐ 思考之后就可以　☐ 不行

　　会聊天、说话有趣的人往往都有一双发现两个事物的共同点并将其联系起来的慧眼。

　　一些事物即便看上去八竿子打不着,但是我们可以发现它是像A还是像B,而后将其以一种通俗易懂的方式告诉别人。这是擅长交流的一个法则。

　　换句话,就是说话者擅长举例子或做比喻。

　　在我以前工作过的培训班里,有一个会说话的上司曾这样说过："我们的培训班不是国家培训中心，而是家附近的健身房。"

这就是非常好的比喻。

如果将这位上司的话拆开讲的话，可以这样理解：

国家培训中心=为奥运会培养顶级运动员。

培养那些打算考东京大学级别学校的少数精英。

家附近的健身房=在家附近有，在这儿谁都可以锻炼身体、获得成长、结交朋友。

学生分布在全国各地且学习层次多元，他们各自都有目标学校，同时在这儿可以和其他学友互相切磋。

即这个培训班不仅能培养考上东京大学的一小部分尖子生，而且能广泛接受全国各地的学生，根据他们的要求因材施教，促进他们个个成才。上司的这个比喻能够将上面的主旨非常准确地表达出来，令人印象深刻，这个比喻也就成了这个培训班的指南针。

例如，有的孩子上培训班的时候总请假。如果是在"国家培训中心"那样的培训班的话，估计我们会冲他发一顿火："你想考东京大学吗？你要这么想的话，干脆别考了！"但是如果我们将这个培训班看作是"家附近的健身房"的话，就会说"最近怎么了？是不是在忙课外活动？"像这样去聆听孩子的心声，然后将讲话内容改为"要不你先来上数学课"。

如果有具体例子或是比喻的话，我们就可以马上想起它的形象，且对于它的理解也不仅仅局限于脑海中，还可以加深对它的认同，甚至有可能采取某种具体行动。也就是说仅仅是通过打个比方，我们就可以采取某种行动。

我们也可以在看到某样东西的时候，尝试做一个练习，将其和自己的工作、专业、爱好等联系起来。

比如说在本节刚刚开头的时候，我向大家提了这样的一个问题："你能否将足球和自己的工作、生活联系起来？"

我的身份是一名培训师，如果让我做的话，我会这么回答：

足球=球场上的位置是固定的，但是需要随机应变。

在职场上角色分担也是如此，代课老师和专职老师都需要随机应变、通力合作。

足球=游戏是由下面一个规则产生的：不可以使用手。

上课的时候课时是有限的，所以囿于这个规则，代课老师需要多动脑筋。

像这样虽说有些牵强，但是我们可以将某一个话题与自己的工作结合起来。即使两个（几个）事物之间看似差异很大，然而本质上有的地方是相通的。

如果我们平日里多联系、找共同点的话，关键时刻一些具体例子或是比喻就比较容易想起来。我们平日里可以多想想"A与B在C这一点上是相似的"。

如果习惯了，那么我们可以将这种能力灵活应用，试着在聊天中采用这个策略。

比如说在见面会之前，还有一些时间的话，我们可以聊一些与见面会内容相近的话题。这个时候有效的固定话题一般有二：

①流行话题（最佳的新闻、这几个月的流行趋势等）。
②个人体验（自己、朋友、熟人经历的趣闻）。

由于这些话题是我们身边的话题，所以适合在非正式场合聊。

如果这次见面会聊的话题是"自己公司兼职人员的录用及教育"的话，我们在此之前可以聊一些有关自己个人的经历。比如说："昨天我去了附近的烤肉店。在那儿点餐都是通过触屏完成的。当然把肉端过来的是人。工作人员里面还有外国人，他们讲的日语马马虎虎。但是由于点餐是通过触屏进行的，所以点起餐来很方便。即便对方听不懂日语也都可以完成。现在（日本）劳动力紧缺，所以在吸收广泛劳动力方面，提高机械效率和组织化程度势在必行。"

如果我们善于将流行话题和个人体验放到聊天中的

话，别人就会觉得我们"聪明""有洞察力"。

One Point! **要点**　如果我们经常锻炼寻找事物共同点的能力的话，可以使用具体事例或者比喻。

聊天时多使用"起承转合"

什么是"起承转合"？你可以说一说吗？

□ 可以　□ 不可以

什么是"起承转合"？你可以说一说吗？

可能很多人已经在语文课上学过。这个起初是与诗歌的构成相关，现在主要是将以下的顺序称为"起承转合"，它经常被用于短篇小说或是四幅漫画中：

起：开始、故事的发端、状况说明。

承：承接"起"的内容，故事展开。

转：一些没有料想到的事情发生。

合：结束、总结。

在推理小说中，应该是下面的顺序：

起：事件发生。

承：主人公开始搜查，发现犯人。

转：主人公发现自己事先预想的内容不对，真正的犯人浮出水面。

合：犯人被抓。

就拿朝日电台的人气刑事电视剧《相棒》来举例子。水谷丰扮演的主人公杉下右京大喊的那句话"啊！我觉得有问题"是"转"。到"转"之前，故事发展得很顺利，但是突然半路杀出个程咬金，将之前的设想都推翻了，这个情节让观众大呼过瘾。

我们可以将起承转合运用到聊天中来。

比如，一天我们有机会跟别人讲起购买××商品的感想，一般是这样的：

我买了××商品。

非常棒！

一定想推荐给你。

这样的话也没有问题，且行文通俗易懂。或者可以在"非常棒"的前面加一句"我没有觉得很好"，使行文变成"起承转合"型的话，文章的可读性便增强了。例如：

起：我买了××商品。

承：在使用之前没觉得很好（事前的期待值低）。

转：使用后没有想到非常棒。

合：一定想推荐给你。

这样的话，在"承"与"转"之间错落有致，增添了趣味。我们可以像下面的方法（模式）聊天：

起：概要、状况说明。

承：与"转"不同的内容。

转：主要想表达的内容、结果。

合：概括"转"的内容、事后谈结果。

再举一例：

起：我前几天去了印度。

承：以前我对印度的印象还停留在发展中国家，以为那里很乱。

转：去了印度的班加罗尔以后，我发现那是一个干净的大城市，而且无现金化支付比日本还要发达。

合：印度发展迅速。

如果照着这个顺序说的话，可以将上面的内容总结为下面的一个见闻：

元旦假期我去了一趟印度。说起印度，以前我对印度的印象还停留在发展中国家，以为那里很乱，但是这次去了印度的一个叫班加罗尔的城市后，我发现那儿非常干净，而且无现金化支付比日本还要发达。所以印度近几年也在急速发展。

这段话也可以再加工一下。像下面这样可以将内容变成双向性聊天。

元旦假期我去了趟印度。你去过印度吗？说起印度，以前我对印度的印象还停留在发展中国家，以为那里很乱，但是这次去了印度的一个叫班加罗尔的城市后，我发现那儿非常干净，而且无现金化支付比日本还要发达。所以印度近几年也在急速发展。真是百闻不如一见。某某你是否有过这种经历，是否有去了一次后印象大变的地方？

起承转合富有戏剧性，而且也使得讲话方式变得有趣。因为我们如果要用这个结构的话，那么聊天时大概所用的时间和讲一个故事的时间差不多，所以我们要注意首尾结合，如果"起"的时候，对方对这个话题不感兴趣的话，是无法让对方听到结束的。

要想使对方对你的讲话感兴趣，我们应该如何把"起"的内容说好呢？

问句开始，引起对方注意。
开始的时候告知对方一些出乎意料的数据或是能够引起对方注意的事实。

开始讲的时候讲一些时事话题或是讲一些与对方相通的话题。

讲一些奇闻逸事、有趣的话题，如：前些天我经历了自出生以来第一次遇到的事情；在同窗会上碰到一些小意外。

像这样，为了使得对方听起来更明白，我们稍微动一下脑筋就好了。

另外如果感到起承转合4个要素构成有些复杂的话，我们在中间稍微变通一下，聊天同样也可以变得很顺利。

如我们可以在讲了一般的情况之后（如"以往是""一般是"），再加一些"但是，××的场合""事实上"等，接着讲一些与前面内容相反的东西就可以了。

要点　聊天时我们可以采用起承转合，在"承"与"合"之间加些转折，使聊天变得富有戏剧性。

如何富有激情地聊天

你有没有一些疯狂的事情可以与别人分享？

□有 □无

聊天时的气氛是和谐的。聊天时候横冲直撞是不好的，然而如果聊天时达到"疯狂"的地步，反而会产生乐趣。

因为这一点如果稍不留神就会冷场，所以我也不积极推荐给大家。但是如果聊天"内容"或是"说话时的热忱"无论哪一方可以达到疯狂阈值的话，是会给对方留下深刻印象的。它可使得对方对你本人或者对聊天话题产生兴趣。

日本NHK电视台有一个体操节目可以让我们感到疯狂，这个节目叫《大家一起来健身》，还没看过的朋友一定要上YouTube搜一搜。这个节目一边沿袭了之前的体操节目《大家的体操》的样式，一边面向大众解释健身的方法，但是这个节目首先吸引人眼球的是解说员谷本道哉，他的肌肉群呈现倒三角形，是一个十足的健身狂魔。令人吃惊的是谷本既不是运动员也不是教练员，他是近畿大学生物理工系的副教授。除了他，其他示范人员分别是：

①萨克斯演奏家武田真治。
②庭院师村雨辰刚。
③律师小林航太。
④牙医嶋田泰次郎。

以上4位示范人员的身材都是个顶个的棒，虽然他们的职业和健身没有任何联系，但是却是狂热的健身爱好者。

谷本曾说过这样的名言"肌肉是不会撒谎的"，同时在1分钟的时间内，他会不断地重复只有健身爱好者才会说的那句话"即使你再想锻炼也只剩5秒钟了"。

这样的激励话语在社交媒体上成为热门话题，即便这个节目播放的时间段时值深夜，但是仍获得了不错的评价。

暴走一般应该避免，然而"大"暴走有时会产生意想不到的效果。

不过，有的时候讲的"内容"太过出奇，只是自己在说，别人会觉得接受不了。我们可以设想这样的一个场合：我们和几个朋友在聊天，其中有人知道你的爱好。这个时候我们就可以将其引导到你的爱好的话题上来。

"兴趣是看歌舞伎。"

"对！他①一个月去看五六次。"

像这样，我们可以请对方帮你补充。

如果没有人帮你补充的话，我们可以像下面那样自己

---

① 是指说话者。——译者注

透露几句，然后请对方问你问题。

"我可经常看演出。""啊，你多久去一次？"
"我的爱好有些特别。""啊？是什么？很好奇。"

就像这样，引导对方问你问题，这样的话，大家就不会觉得是你一个人在自说自话了。

同时，说话者讲话时高涨的热情有的时候也可以使得听话者的内心发生变化。

如果是电视节目的话，这个就类似于在第一章提过的谈话节目《雨后谈敢死队交谈》。其中《特别喜欢高中棒球的艺人》《全职猎人艺人》等的故事使得观众看到了节目对于嘉宾的热爱是超乎寻常的，这让我们为之动容。我们听那些富有感情的讲述时，即便话题我们不是很了解，但是依然会觉得内容引人入胜，让我们欲罢不能。

这是为什么？

如果是辞书型的概要说明的话，现在我们可以简单地从网上查看。这非常简单，因为我们只需要了解梗概即可。这和学校课本上的解释一样。我们对此可以理解。但是如果这个说明让受众感觉不到节目温度的话，是很难激起对方的兴趣和好奇心的。

我自己在学习与商务相关的内容时，知识层面上的东西我基本上是通过课本学习的，但是有的时候会去听作者的演讲，目的就是为了使得自己可以将书本上学到的东西学以致用。通过现场听作者的演讲，感到他的"赤子之心"，这样我自己的内心才会受到触动，才比较容易付诸行动。

当然，聊天也需要注重平衡。但是尤其要注重有体系的讲述，我们有的时候也可以将自己认为有意思的点展开讲述，这种有感情甚至有些疯狂的讲话方式有可能会让某一个听众实际付诸行动。

要点 富有感情的讲话方式有的时候可以使听众的内心发生变化。

第五章

聊天开场白和
聊天万能金句
快用起来吧

聊天开场白 ❶

❝ 您前些天是不是…… ❞

"听说您前些天……"也可以这么说。

聊天不是炫耀自己话术的地方，是一个让对方可以开心愉悦地聊天的机会，这一点我在前面的章节中已经做了说明。

为此，我们在聊天前有必要对对方做一个事先的了解。

例如，作为个人（一个企业）他对哪些事情感兴趣，擅长什么，或是最近在做什么项目。我们可以预先调查一下。如果有著作或者网站、社交媒体的话可以查一查，如果周边有人认识他，可以问一下"某某是一个什么样的人"。

在掌握了一些信息之后，我们在刚刚开始聊天时，可以说"前些天（最近）听说（您）在干某某事"，听此话对方也会变得高兴，同时自己也愿意和我们讲一些详情或是内部消息。

我自己第一次和出版社的人打交道的时候，我发现对方有没有读过我的书是左右双方能否顺利交流的一个因素。

对方若是读过，则我可以感到对方的诚意，可以与他继续聊下去，且有的时候双方的爱好、兴趣、问题意识相同的话，聊天会很投机。

反之，如是对方没有读过的话，很多时候他会问一下和我专业不相干的问题，这样的话我也没有多大兴趣和他聊下去。

另外，无论对方是什么样的企业和个人，我们通过详细调查都可以发现对方的一些魅力。只有知道了对方的魅力，我们在和对方面对面聊天时，才会不是草草了事，而是发自内心地想聆听对方。

再者，虽说事前调查很重要，但是要注意说的时候不要一气儿把话说完，如下面的句子是不合适的："某某同志听说您在……的时候，在某某场合大显身手了。听说在……的时候，您遇到了困难，那个时候您好像……了吧"。我们好不容易做了一个调查，所以想将所了解的信息都说出来，这个心情可以了解，但是效果往往会适得其反。

日本朝日电视台的长寿谈话节目《彻子的部屋》的主持人黑柳彻子女士在每次做节目前都会细心地收集每一个嘉宾的信息，会把所收集的内容全部讲完（笑）。本来请嘉宾来一次不容易，赶上有的时候录制节目时嘉宾全程基本上没有怎么说话，就点个头说句"啊，是这样的"。这个时候我本来想听嘉宾说几句的，然而没有听到，未免叫人感到有些惋惜。

所以我们应当树立一个这样的认识：说到底通过事先

调查得到的消息是为了当天聊天找话题时使用。我们聊天的时候可以先不说结论，只给对方提问题。然后引出对方的聊天内容，这个是很重要的。

如果对方不是名人，我们调查过于仔细的话，有的时候就会招人讨厌，这一点要注意。即便事先调查了，在说的时候也要适可而止。

" 这么说前些天发生了
这样一件事情 "

"这么说前几天……"也可以这么说。

这是一个常用的表达，可以用于我们不怎么了解对方但是却需要自己提供话题的时候。我们可以提供一些在自己身边发生的有趣的话题或是说一下碰到的麻烦。

"这么说"比起转换语句"那么""我换个话题"来说，在聊天中可以自然地打开话题，所以很方便。

一般说来，那些连词是承接了前面的话题之后才使用的，然而令人称奇的是，"这么说"在即便前面没有说话、一直沉默时也可以使用。它也可以用来表示"我现在突然想起来"的意思。

但是在使用这个词的时候，我们需要注意以下两点：

一是要准备好话题。只说"这么说，呃，嗯……"的话，聊天会被中断。

二是尽量要和之前的话题产生联系。

在明白了这两点之后，我来举一些不好的例子和改进之后的例子。

"前些天我去看了星野源的现场演出，非常棒。"

"这么说，上个月的新年会……"

说这些话，聊天未免有些唐突。可以改成下面的例子：

"前些天我去看了星野源的现场演出，非常棒。"

"一定很棒吧？"

"是在东京巨蛋里举行的，这个演唱会所有的人都为之疯狂，在场的人无不为其所动容。"

"真是令人艳羡。虽说会场规模不如你们，但我们上个月的新年年会也是与往年不同，非常顺利。"

上面的例子有些牵强，然而我们可以通过认可对方的讲话，或是找出"会场气氛融洽"这个共同点，来使得聊天顺利进行下去。

我们在聊天的时候可以注意对方讲话的某一个点，而后将其看作一个抓手，在此基础上有意识地将这个抓手与自己的话题或是最近的趣闻联系起来，从而推进聊天顺利进行下去。

若是您的话，您会怎么考虑呢？我想听听您的高见

"这件事您怎么看？"也可以这么说。

为了避免在聊天的时候只有一方在说，我们可以试试问一下对方的见解。

即便是那些话少的人如果有人热心地问：

"我无论如何都想听听您的意见。"

"我就想听听您的意见。"

他们也不会无动于衷吧。

在聊一些诸如新闻、业界趋势之后，我们可以问问对方就此有什么意见。这好像就是我们向那些大咖咨询意见。

"我是这么考虑的。贵公司是如何看的呢？"
"我个人觉得是这样，你呢？"

我们这样抛砖引玉，无论对方是赞同还是反对，他们都应该可以更容易表达自己的意见。

66 那件事是不是挺麻烦的？ 99

"那件事挺麻烦的吧！"也可以这么说。

我们聊天的目的主要是让对方发言，也就是尽量让对方愿意表达自己的意见。

如果仔细考虑一下大家一般都有哪些话题想讲，大致可以分为3类：

①牢骚的话。

②自慢的话。

③自己喜欢的事物。

能让对方说出以上3个话题，我们可以考虑使用如下的句子：

"那件事是挺难的吧？"

对方听了这话，立马会说"对啊，确实不易"，然后开始向你倾吐苦水。经历一些困难，人们都会考虑将其说出来。跟别人一说，看到对方或惊讶或大笑的反应，让别人和你产生一种共鸣，只有这样，自己当时受过的苦才会消失。

然而一味地吐槽自己的苦难和一味地吹嘘自己以往的经历是一纸之隔。所以和别人说自己以往的不容易时，可以在说了"刚开始的时候不顺，但是现在在做的过程中慢慢熟悉了"之后，再加一句"什么事情都要坚持不懈才会成功啊"等照顾到对方面子的话语。我们需要创造如下的

氛围：通过自己的表情和寒暄，让对方愿意和你分享他以前的一些辉煌经历。（试看下面的例子）

当我们察觉到了对方的不容易时，可以说："您这么坚持究竟是为了什么呢？"

像这样，不失时机地问询对方也是一个方法。因为在困难当中一定包含着对于工作、顾客、同事的爱。

这时如果对方来一句"正是因为这是我喜欢的工作，我才无法妥协啊"的话，这句话里包含着说话者对于工作的深情厚爱。这样的交流超越了彼此聊天的边界，可以成为一种非常难得的聊天话题。

" 真不愧是…… "

"还是……啊！"也可以这么说。

这是一个可以给对方面子的表达。

令人意外的是，说表扬别人的话的时候我们会感到很难。因为如果说错话，会给别人一种盛气凌人的印象。

例如，我们对长辈说："您的演讲很好啊"的话，即便本意是在表扬对方，但是会让听的人觉得这个表达自以为是，而让人生气。

如果我们说"真不愧是……"的话，因为它里面包含如下意思："从之前的业绩和评价来出发这个结果是我预想到的，但是实际上这个结果却是如此非常出色，令我不得不再次感叹。"这句话不仅包含了对现在的成果的表扬，而且包含了对对方实力的大加赞扬。

赞扬对方的话，除去常用的"真不愧是……"之外，我们在日语中还可以使用：

①我原来不知道。（正式一些的话是"我原先不清楚"。）
②真不错啊！（真棒！）
③眼光真不错。
④的确。（是这样的。）

当然一直说这几句话就叫人觉得有些扫兴，所以我们可以适时地使用这几句话，这样的话对方也愿意与我们交流。

我们也可以加入一些下面的句子来丰富一下寒暄的类型和表情。

正如您讲的那样。

咦？

的确。

确实。（无疑。）

大概。

"您这么说是?

"你的意思是?""嗯?"也可以这么说。

"您最近在干什么工作?"

"在干一些有关中途录用①的事情。"

"是吗?"

"对。"

"……"

---

① "中途录用"是指一些企业根据自身需要不定期地录用人才的事情。——译者注

虽然向别人提问非常重要，但是问了别人之后聊天就无法展开，有的时候会陷入尴尬的沉默。

仅重复"一问一答"的话，就不是聊天而是采访、询问。所以我们必须在得到对方的回答之后，想办法让聊天顺利进行下去。

在这里有一个捷径，就是我们可以继续问一些与对方回答内容相关的、能够让对方透露一些具体信息的问题。例如我们可以坦率地问一些：

"是啊？一定请您再说几句。"

"这席话，我可以再听几句吗？"

"您这么说是？"

❝ 可以允许我记笔记吗？ ❞

"我做笔记可以吗？" 也可以这么说。

大家听过"巧言令色，鲜矣仁"吗？

这是《论语》里孔子的话。孔子是中国古代著名的思想家、政治家、教育家、文学家，这句话广为流传，现在早已成为一般人的认知。

"巧言"是"花言巧语"的意思，"令色"是"谄媚"的意思。这句话的意思是指仅是表面上取悦于别人的人是缺乏作为一个自然人的"爱"与"同情心"的。

这句话难道不也适用于现代的聊天吗?

花言巧语,嘻嘻哈哈的话多为诈骗人员使用。如果他有"我骗他吧""请他们买"这样的私心话,一般会表现在"巧言令色"的态度上。

因为我们经历过这些事情,所以一般对那些善于溜须拍马的人来说是心存戒备的。

同样有的时候我们觉得内容很不错,在频频点头的同时面部表情也表示赞赏,但是有的时候反而被别人觉得我们的态度太假了。一旦对方觉得"这个人是不是有什么想法"?让对方对我们有戒备心的话,氛围会陡然变得尴尬,同时聊天也不容易进展下去。

这是因为:我们在聊天时点头是因为真心觉得不错,发自内心地认可对方。自己发笑是因为真心觉得很有意思。

我们在点头或是寒暄时,向对方展示自己的真情实感是很有必要的。

能够将这一点真实表现出来的是"我现在可以记笔记吗"。

将"我不想忘记您讲的内容""今后想做参考"等的心情传达给对方且乐意将之付诸行动的话，它本身就告诉对方你在认真听他的话。

我们可以预先准备一些手账页或是笔记本来记笔记。

" 特别是对……
部分印象深刻 "

"特别是……部分令人满意。"也可以这么说。

在听了演讲、发表会之后，或是在试用了新产品之后，有的时候需要我们发表感想。

有的时候所说的真心话有些不尽如人意。

有的时候内容超出了我们的了解。

有的时候我们也不知道该说什么，而容易让别人误认为我们是在故作姿态。

当我们都不知道该说什么时，有一个具体方法可以尽可能将自己印象中的事情具体化。

一般在说自己感想的时候，我们常用"……怎么样"的主谓组合来表达。有的时候不知道该怎么评价时，我们可以将"怎么样"的部分省略，只说"……给我留下了印象"。

只说一些无关痛痒的感想的话，我们往往容易给人一个负面评价："那个人我没有怎么关注。"如果将令人感动的内容具体化的话，可以让对方觉得"那个人是非常注重细节的"。这是因为说这些话时我们对对方的聊天内容是感兴趣的，能将自己对于别人的诚意告诉对方。

在将自己的感想告诉对方之后，我们可以就刚刚说的感想进行发问：

"这一点是怎么感觉出来的?"

"这一点请再具体说说。"

聊天时可使用"己方视角"避免盛气凌人

即便传达同样一个事情，但是主语是自己（己方视角）还是他人（他方视角），受众印象大有不同。

例①

他方视角 "你的讲话方式太刺耳了。"

己方视角 "你的讲话方式让我有的时候感到很受伤。"

例②

他方视角 "你应当去大扫除。"

己方视角 "如果你去打扫一下的话，我会感到很高兴。"

如果我们讲话的时候，将主语变成"对方"的话，会给人一种命令对方、指示对方、居高临下的印象，如果将主语变成"自己"的话，这种表达方式对方也乐意听。

在叙述感想的时候，我们如果使用"己方视点"的话，会变得很便利。如下面的例子："味道纯粹，且食材新鲜这一点超出别家"，像这种客观评价的话，给人一种评论家的感觉，有时候会让人觉得你有些骄傲。

但是如果我们加入一些以自己为主语的感想的话，表达会变得生动而充满温度，如"这一点我感到特别感动""下次我会带家人来"。

第六章

通过聊天来构建
和谐的人际关系

"耳旁风"的力量

你是否在听到别人错误的时候可以忍着不去纠正？

□ 可以　□ 不可以

我们在聊天的时候，想要的是"终点"，也就是"目标"。

根据目标的不同，聊天的方法也会不同。由于聊天的"目标"不同，聊天所希望的氛围或是推进方法也完全不同。

①传达的信息是目标。准确性和传递效率很重要，需要简洁明快。

②提供的点子是目标。创新很重要，需要积极准确。

③提供的答案是目标。条理性很重要，在提供客观根据的同时需要提供新的主张和尖锐的批评。

如果聊天成员没有认识到这个共同的目标的话，聊天就会变得非常零散。

譬如在商量新产品开发的会议时，如果我们各自畅所欲言，自由发挥的话，就会……

"那个预算超支。"

"我们公司根本不可能。"

这样的话导致聊天的氛围逐渐变得沉重起来……大家都不想发言，结果会议在没有收集到好的点子的情况下就草草收场。

我们可以在会议开头的时候，预先设定一个聊天的规则：

"今天是请大家提点子的日子。所以大家先不用考虑能否成功，先挨个把自己想到的内容说出来！"

若有人违反了这个规则，我们不要批评，而是再次不动声色地和大家确认一下规则："这么说来，今天开会的初衷是提点子。因为会议过于严肃的话，想说意见的人也就不说了，所以大家还是畅所欲言吧。"

然而，在聊天时，目标又是什么呢？

聊天的目标是"愉快地度过一段时光"。

如果聊天陷入沉默的话，显然有些不合时宜。所以要尽量避免沉默，只要相互开诚布公、敞开心扉就可以了。这样做的结果可以增进相互间的友谊，加深相互的了解，总之会有一些附加的好处，这样才是聊天。

诚然，也有的是通过聊天共享一些有益的信息，但是我们要知道聊天原则上是"聊"。既然聊天的意义在于传递一个信息或传递人的思想，那么聊天的目的便在于愉快地说笑。

愉快地聊天是目标，创造和谐的聊天气氛。

因而在聊天时，经常会有人放一些可以缓和气氛的茶点、酒品等。所以有的时候会场会放一些背景音乐，甚至旁边会有别的人在聊天，这些环境才是适合聊天的环境，因为在这样的环境中，聊天的门槛会降低，双方都愿意聊一会儿。

在这儿，有3点需要提醒大家。如果您符合其中的一条，那您就得注意了。

①较真的人。
②理科生、研究型人员。
③日本关西地区的部分人。

因为上述三种类型的人有的时候会使得聊天气氛变得紧张。

例如①较真的人。这种人无论如何对于别人的认知错误或是表达错误都不能容忍。不对的事情无法放过。所以就容易产生以下的误解：

A："在周五的电视剧中看到了大泉洋。"

B："咦，周五的电视剧吗？那应该不是大泉洋吧？

难道不是演员'室毅（murotuyoshi）①'吗?"

　　A："啊? 有可能。"

　　B：（用手机查了查，确认之后）"看吧，就是室毅吧?"

　　A："真的是这样的。哦哦哦。"

　　（A本来还有话要说，但是却就此咽进了肚子里，聊天戛然而止。）

　　像这样，如果非要跟别人找碴的话，人家会变得不愿意和你说话。那种无法容忍别人的错误的"正义感"往往会使得聊天变得非常扫兴。

　　看错人或事。

　　读错汉字。

　　记错或者记不清日子、数字。

　　说错惯用句。

　　在非正式场合的聊天中，这些错误常常会发生。

---

① 在原文中是以"ムロツヨシ"的形式出现的，这个是该演员的艺名，真名未知。——译者注

聊天又不是开会，那些非要揪住"小辫子"不放的态度或许没有将聊天看作"聊天"，而会使气氛变得特别紧张。

我们也可以停下来问问自己："这些错误非得一个个都要指出吗？"

即便要纠正，我们也可以等别人说完之后，说句"这么说……"悄悄地指出他的问题也是可以的。

我在例子②中列举出了"理科生、研究型人员"。虽然这么说有些随意，抛开研究型人员（热心于学术研究，什么事儿都是要从学术的角度来解释）的性格暂且不谈，但他们的学术细胞里就包含了用逻辑思维去探究答案或者是真理的思辨思想，所以我们要对此多留意。

如果双方都是这样的人那另当别论，但是如果聊天对象不是上面的立场，那么就容易产生误解。

话虽这么说，然而大多数人为了达到目标是不会厌烦与人讨论的。即便自己受到批评，只要这个批评是合理且有建设性的，他也是会欢迎的。但是如果有的人没有这个觉悟，一旦受到了别人的批评，他会觉得自己受到了人格攻击。

我们有可能有这样的经历，由于自己无心说了一句话，气氛会变得十分尴尬。即便问的人想要将话题引向积极的方面，然而有的人可能会觉得"受了伤""这个人太恐怖了，和他交往要小心"。所以上面的内容告诉我们在聊天的时候也需要多注意。

第三个是日本关西地区的部分人。我在准关西圈（三重）长大的，我非常理解有人说关西人总是"打破砂锅问到底"，同时也懂得关西人就是问完了之后才甘心。

关西人的这一特征，其他地方的人有时候觉得受不了，我今后也得多注意。

不要"打破砂锅问到底"，有些问题该装作看不到就装作看不到。

这样的"可忽视能力"也是聊天能力的一种。

不要严肃地去追问对方，双方可以轻松地畅谈才是聊天的目标。

将主动权交给对方

 Ask Yourself
自测 **你与别人交流方式是属于什么类型？**

□ 攻击型　□ 攻防兼备型　□ 防守型

我们在聊天的时候，想要的是"终点"，也就是"目的"。让所有人都愿意在那儿待着非常重要。

聊天气氛和谐的一个重要地方如果用足球来打个比方的话，那就是不要成为前锋。

这是什么意思？意思是在聊天时仅自己一个人说是不行的。

我们有可能有这样的经历：有的人会大声在人面前聊

学校里的班级生活或就职活动的小组讨论，我们会因他们的夸夸其谈而感到厌烦。

当然有的时候托这些前锋型的人的福，聊天会顺利进行。但是大多数情况下这种人破坏了聊天的次序或是聊天的气氛，所以会被人贴上了"那个人总想出头"的标签。

聊天时我们不应该以前锋为目标而应该以中锋为目标。

我们不应该想着自己去进球，而是应当想多倒几次脚。也就是把球传给对方请他射门。使聊天顺利进行，请对方多出点子。即便有的时候自己想出了解决方案或是答案，我们也要忍着不说出来。请对方说出关键的那句话，可以让他获得成就感和自信，这对于我们来说是一个有利的好消息。

以长远的眼光来看，比起关键时刻我们说而后引起别人的喝彩，让别人认为我们"和他聊天很有意思""和他聊天自身的优点可以得到体现""还想聊"，这样的话对于我们更加有利。

如果聊天时磕磕绊绊，我们可以从始至终做一名后卫。这个时候后卫的要义就是无论如何也要将聊天进行下去。

如果碰到有五六个人聊天时，有的人只顾着自己说话，我们可以一边听他说"嗯？还有这种事吗"，而后将话题转移给下面一个人："这么说，某某最近怎么样？"

　　如果有的时候聊天陷入了尴尬的沉默，我们可以聊一些无关紧要的话题（如天气），或是通过点头致意、不时插话等方式使聊天继续下去。

　　所以说即便是后卫，在聊天时也是不可或缺的角色，因为他们可以防止聊天中断。

　　但是也无须尬聊，重要的是保持最低的限度。

　　对于成年人这一点都是需要了解的：有的时候正是由于聊天中加入了某一个人，场面才得以维持。

　　"今天多亏了某人！"

　　令人意外的是，我们在成年以后会发现那些防卫型的人才是被感谢的人。

　　在聊天中努力成为中锋、后卫。

增加友谊和摆脱困境的聊天方式

 聊天对方是否愿意和你成为朋友，对你的聊天方式会产生影响吗？

□ 会　□ 不会　□ 没有考虑过这个问题

我们在聊天时一般会聊一些有关天气的话题："今天真冷啊""是啊，冷"，聊天的一般样式就是通过一些小话题来找出共同点，从而使聊天双方产生某种心灵感应。

为了找聊天的共同点，我们可以仿照下面的对话：

"我的老家是三重。"

"太巧了，我舅妈家也是三重的。"

上面的聊天虽说有些牵强，但是可以往下继续：

"啊，是吗？具体哪个地方呢？"

"铃鹿。"

"哦？是那个举办过赛车比赛的地方啊！我原来在四日市。"

像上面的内容，只要聊天可以持续一段时间，那么聊天就成功了。

如果只是这种聊天方式的话，会叫人觉得有些肤浅，无法与对方交心。

如果我们想和别人进一步发展，我们可以：

①在发现共同点之后，与聊天对象缩短心灵距离，构建亲近关系。

②发现别人的不同点，互相激励。

可以分阶段来进行。当然有的时候双方之间非常相似，这个时候就不用考虑上面的步骤，他们自然而然会亲近起来。

①中提出的"亲近关系"这个词来自临床医学，说的是来访者与咨询师之间需要建立的那种信任关系。如果没

有这一点的话，是无法进行深入交流的。

构建亲近关系的一个行之有效的方法是发现共同点。

另外，也可以通过聊天方式、聊天的接受方法等来获得别人的信任。

咨询师可以用这种方式来聊天：

随声附和

协调（需要和对方聊天时的速度、声音大小、语音语调、呼吸等相适配）。

镜映[①]（比如对方拿了一支笔，我们也可以重复对方的动作）。

聊天时我们尽可能试一试上面的方法。

另外，如果氛围适合聊天的话，我们可以深入聊一些话题。

这个时候一般有下面两种提问方式：

---

① 镜映，自体心理学里提及的概念。顾名思义，镜映就是在镜子里映出一个人的形象。——译者注

（1）闭合式提问

"这件事情您事先知道吗?""您是在哪儿住?"等,回答这些问题时我们不要只回答是或否,不要单纯地回答事实。用"5W1H"的方法来说的话,主要就是"什么时候""在哪儿""和谁""做什么"。

（2）开放式提问

"你为什么会对这个感兴趣""今后您想怎么办"等,回答这些问题时答案没有特别限定,我们可以自由发挥。用"5W1H"的方法来说的话,就是"为什么""怎么样""做什么"。如果有人问我们自己的价值观是什么的话,也可以认定这是一个开放式提问。

如果将聊天深入,我们就可以使用开放式提问,如"为什么某某会这么想"。开放式提问多用于说话双方需要深入讨论的时候。

然而开放式提问是抽象的,所以提问往往比较模糊,回答的人回答时有的时候会"丈二和尚摸不着头脑"。这种反馈也从侧面反映出提的问题非常深奥、有水平，但是如果聊天变得停滞的话，我们就需要有意识地加入一些闭合式提问。

闭合式提问仅仅是事实确认，所以比较容易回答，因而在聊天不太顺畅的时候，我们可以用此法调节一下气氛。

调节完气氛之后，我们可以就"您是如何看待的？""为什么会这么考虑？"采用一些开放式提问来促使对方进一步阐述自己的观点，或是探索谈话背后的价值观或经历。就是聊天双方可以说一下在听了这番话之后自己是什么感受，或是最近为什么会这么想。这样的话双方就不会轻易地否定对方，且也可以心平气和地接受对方的不同。所以我们可以这么说：在双方信任的基础上，如果可以坦诚地接受对方深思熟虑之后发表的意见的话，聊天就不仅仅停留在话题表面而是可以深入地谈下去。

然而有的时候我们从根本上无法同意别人的见解，甚至已经产生了生理上的厌恶，根本不想和他成为好朋友。

这个时候，聊天浅尝辄止就可以，没有必要深挖下去。只问几个闭合式问题即可。

如"什么时候""谁在""店铺在哪儿""多少钱可以

吃一顿"等这些，我们无须和对方进行细节确认，无须和对方深谈。因为我们可以通过将聊天保持在一个较浅的层面的方式来消磨时间。

即便有的时候我们听到了别人的想法，也不需要深究下去。因为刨根问底或是反驳的话，会引起一些不必要的纠纷。

为了避免上述事态的发生，我们可以采取一些与对方保持距离的策略：告诉对方我不这么认为，你的想法我知道了。

可以试一下下面的应答方法：

"哎，还有这种事？"

"可能也有这种看法。"

"某某是这么考虑的啊。"

通过持续附和别人的方式可以避免陷入沉默，同时也表明了自己并不认为这样，我们也可以使用"这么说"的这个短句来切换一下话题。

想和别人增进友谊的时候，采用开放式提问法。

要从当时的环境中摆脱的时候，采用闭合式提问法。

如何优雅地结束聊天

你是否有这样的经历：有的时候聊天无法结束而对后面的计划产生影响？

□ 赶不上计划　□ 刚刚赶上下面的计划　□ 没有

在聊天的时候有的人说个不停。

我们有的时候都不耐烦了，他却没有发现，还滔滔不绝地讲下去。

我们内心叹了一口气："被这种人缠住了，还得聊一个小时啊！"

本书主要讲的是如何使聊天顺利进行，但是在这里也想向大家介绍一下如何结束聊天。

首先，我们需要考虑一下为什么聊天迟迟结束不了。

大概是因为"如果我们结束聊天的话，会惹对方不高兴"吧？

因为我们肯花时间陪对方表示我们尊重对方。而我们要结束聊天的话，会使对方觉得我们很失礼。

所以想结束聊天的时候，我们需要注意如何避免使对方产生不快，如何避免失礼。

在这里，我想给各位介绍一下5种方便快捷而又不产生矛盾的方法。

（1）告诉对方有些事情你必须完成

可以告诉对方你需要参加会议、碰头会，有各种文件需要按期限提交，或是告诉他事先已经和客户约好了，或是告诉他你需要接送家人，这样使对方觉得这些事情你必须干，让他认为"如果是那样的话，聊天确实是继续不下去了"。

要不就把话说到一半也是一个方法："不好意思，下午的会议材料我还没有准备好……"这是因为你如果把话说完——"因为没有准备好，所以我先回去了"的话，有的时候会使人觉得你有些冷漠。我们将事情说完之后需要观察对方的表情。

（2）告知对方你的懊恼

我们在聊天的时候需要避免让对方产生如下的想法："你不想继续聊是因为你觉得我的话没有聆听的价值"（实际上这种事情比比皆是）。如果对方和你扯皮的话反而更加麻烦。这个时候我们可以告诉对方"我本想再多听你说几句，但是……"像这样将懊恼的心情默默地传达给对方，告诉他你对他的话是很感兴趣的。

这个时候有以下三个黄金关键词：

① **不凑巧** 用法：不凑巧，马上就要开会了。

② **多听** 用法：我还想多听一下您的高见。

③ **好不容易** 用法：好不容易您有时间。

将这几个词记在心中。

同时在使用这几个词的时候，一定不要忘了要做出懊恼的表情。

（3）注意别人的时间

这个方法特别适用于和你的长辈结束聊天时使用。

我们与长辈聊天时可以瞟一眼手表，而后装作吃惊"啊，已经1点了啊"。而后说"您这么忙，不好意思今天我说多了"，像这样告诉对方你非常在意他的时间。在还没有等对方说"啊，我还好"之前，溜之大吉是上上策。

另外，像刚刚第一条说过的那样，即便是说自己的事情，但是前面加一个铺垫来说对方的事情，聊天会变得容易起来。

这是因为比起单说"我需要准备开会"，说"啊，某某同志您还是早些回去吧。我也得准备开会了"的话，反而更容易说出口。

（4）大声地打招呼

这个方法是说：即便有的时候我们因为说"再见""我先走了"等招呼用语会使得聊天无法继续进行，但是有的时候却不得不大声地将它们说出来。

当然为了不给别人留下没有教养的印象，我们可在打招呼之前先按一次暂停键，譬如下面的形式值得推荐：

把之前的内容总结一下

如："也就是……的意思吧？下次有机会再听您细讲。"

用表扬性的话语来附和一下对方。

如："真不愧是……那么下次再聊吧。"

（5）表达感谢之意

在结束聊天的时候，我们可以向对方表达一下自己的感谢之情，例如，今天听您的话真受用，今天能够跟您聊天我感到非常荣幸等。在聊天结束的时候向对方表达一下感谢的话，对方会认为今天讲得还行。

我们在具体聊天的时候可以将（1）到（5）的内容适时组合。

另外我在本节开头时提过："如果结束聊天的话，会让对方感到不舒服"，因此我们会有一种罪恶感，不过这种罪恶感根本没有必要。

如果我们硬着头皮听他的讲话导致我们后面的安排无

法进行的话，那样如何是好？

你当然会利益受损，因为有了这次经历，所以你会认识到"那个人真是个难缠的家伙"，而后对他避而远之。在跟他聊天之前就先溜走……（笑）这些话对于人家来说也不好。

要记住：在合适的时机结束聊天，从长远角度来看对双方都有益。所以我们应当按照刚刚说过的5条方法来做，这样的话就不会伤及别人。

另外，比此更加好的方法是在聊天前设定一些限制。比如像下面的例子那样。在下面的例子里，我将时间安排用数字来表示。

"十分抱歉，我现在只有5分钟，您方便吗？"
"不好意思，我之前与顾客有约，可以跟您聊到1点半吗？"

这样的话，对方要不就长话短说，要不就考虑以后再找机会。

我们可以采取如下3个方式把时间安排告诉对方，下面是要点：

①比起实际的时间，可以将时间提前。

如：能说10分钟，但是告诉对方只有5分钟。

②将自己（未能与对方长谈）的遗憾之情告诉对方。

③积极将话题转移到下一个话题。

我还想就第一点再说两句，如果会议是到2点的话，我们和对方说的时候不要说成"到2点"，因为他本身就是话特别啰唆的人。我们要是跟他说到2点的话，往往到最后真能聊到2点，会议一定会迟到。

所以我们说的时候将时间提前，这样的话即使超时了也可以赶得上下面的计划。或者先看下面的聊天对话：

"啊，说好了聊到1点半，不好意思一直聊到现在。"

"没事，还能赶得上，不要放在心上。"

"您这么忙，真是非常感谢。"

从对方的角度来看的话，他会觉得"您这么忙，还肯耐心地听我唠叨"，因而会对你产生一种好感或者心怀感激。也有的人会因跟别人聊天打扰到了别人而心怀愧疚。对于他来说这是"欠别人一个人情"。因为他欠了一个人情，所以在对方遇到困难时，他应该会伸出双手来帮忙。

在忙的时候，我们会觉得特别不耐烦，告诉别人"我很忙"，同样对方也可以感到一股杀气扑面而来。

如果任务（工作）堆在一起的话，我们的心情容易变得不美丽，这也是无可厚非的。如果对方不太明白你的工作，他会觉得他受到了攻击，他受到了不太好的对待。

这时我们需要将"我没有感到你很麻烦""我并没有忽视你"的这种心情以一种郑重但又无助的方式告诉对方。可以像下面那样：

"啊，十分抱歉！在开会之前我仅仅有10分钟的时间。"

这里可以用刚刚提到的那3条"不凑巧""很多""好不容易"。

最后一条"积极将话题转移到下一个"看起来和第2条"将自己（未能与对方长谈）的遗憾之情告诉对方"有些矛盾，但是实际上这两条是可以共存的。

"不凑巧，现在我有些忙。5分钟左右的话是没有问题的。"

"现在有些困难，明天的话工作会告一段落，明天再来找我。"

以上的聊天就是一种积极的聊天方式，即告诉了对方虽然时间有限但是我可以和你聊一会，又强调了虽说现在不方便但是哪个时间我是可以的。

使用"不凑巧""很多""好不容易"这三个黄金关键词可以结束聊天。

如何提问不会被误解成在质问对方

　　如何让对方回答你的问题，提问是很关键的。好的提问可以使气氛变得十分活跃。但是如果问对方：

　　"为什么你不行？"

　　"为什么没有干某件事？"

　　与其说是在提问，不如说是在质问、询问。聊天不但不会很顺利，而且对方会觉得很难回答，容易使聊天陷入可怕的沉默。

在这里，为了让对方容易回答提问，我愿意提出以下几个策略。

不是责备别人的人格，而是单纯地分析原因。
"你也想做吧？那么没有做究竟是为什么？"

让对方恢复自信，和他一起确认：如果条件合适的话原本是有可能成功的。
"如果……是不是有机会成功呢？"

不去追其过往，面向未来研究解决对策。
"应该……才可以成功？"

如果我们掌握了这些提问方法，就可以为我们顺利、友好的聊天助一臂之力。

第七章

7

瞬间提升情商的
聊天语句

稍微换几个词便可使聊天内容充满理性和素养

 你在聊天中会充分发挥自己的 "语言表达能力吗"？

□ 会　□ 不会　□ 对于自己的表达能力没有信心

　　我在之前的章节主要讲了"谁都可以用的愉快聊天法"，这一章我想再深入地分析一下如何提高自己的聊天表达能力、提高自己的语言表达能力，让别人觉得"那个人很聪明""那个人有教养""那个人有品位"。

　　下面我会提供一些可以马上使用的语句，供大家学习。在说明这些语句的时候，我会列举一些能够让别人感到说话者有理性、有教养的具体的例子。

在赞成、表扬、同情别人时，我们如何使用更好的表达。

见到您我很高兴。

能够有机会得以觐见，我很高兴。

"觐见"是我们在见到长辈时采用的较正式的表达，也可以说"拜谒"。

如果再说得简单一些的话，还有"会见"这个词，虽然敬意有些弱，但是它也属于敬语、谦让语，可以充分表达我们对于对方的敬意。

您眼光真好 ⇒ 您真有眼光。

说"您眼光真好"的时候，还有一个惯用表达"您真有眼光"。还有另外一些说法："××的眼光没有出错的时候""眼光真好"。还有一些词形容对方可以辨别真伪、美丑，有眼光评测物品的价值，如形容某人具有"审美眼""鉴赏眼"。

上面举的一些例子大多是形容某人看物的眼光，但是也有的词是形容某人看人的眼光，特别是形容指挥官有判断部下或是年轻人能力的眼光，如"伯乐"等。

眼光尖锐。 ⇒ 您有一双慧眼。

"慧眼"是说对方的洞察力出众，形容对方可以看到事物的本质或是看到事物的另一面。

如何和年长的人对话时，说"某人的思考能力很出众"的话，会让别人觉得有些失礼，因为是在评价对方。如果说对方"您有一双慧眼"的话，听起来也不觉得奇怪，所以这个表达非常方便。

真是天才啊！ ⇒ 您真有非凡才干！

我们在表扬对方时，在日常对话中，经常用"天才""神人""奇才"，这些词给人一种不太严谨的印象。下面是一些在表扬对方时较好的表达，我们可以记住。

说对方不是凡人、庸人时可以使用"非凡"，说对方技术出众时可以使用"卓越"，说对方跟别人相比较要优秀很多时可以使用"杰出""突出""无与伦比""优秀""稀有"。

能得到您的表扬，非常难得。⇒能够承蒙您的表扬，非常光荣。

得到别人表扬，我们该如何回复，确实需要动一番脑筋。有的时候别人跟我们说"谢谢"，我们也会感觉受之有愧，别人说我们的好，我们回答："没有那回事"的时候也会觉得不好意思。

这个时候，一个方便的办法就是表扬一下对方。可以说"能够得到您的认可，我……"，借此来表达一下感谢之情。在上面介绍的"承蒙××"说的是因为别人的厚意使得你才能获得成功，是在表扬对方。

您很高兴吧？⇒想必您一定很开心吧？

当我们看到别人成功的时候，都会说几句替别人高兴的话。

我们可以使用"大概""多么"等的词来表示我们的心情和他们一样。

对于别人的喜怒哀乐，我们也可以感同身受，如在以下的情况：对方有亲人去世，我们参加了守夜，在碰到逝者家人时可以说："这件事太突然了，想必您一定感到非常震惊。但是请一定要节哀顺变。"

真令人羡慕。⇒ 我也想向您学习。

羡慕和嫉妒都是人的不良情绪之一。我们可以不使用那些直接表达感情的"羡慕""狡猾"等词，而是使用一些更高明的辞藻。

"见贤思齐"是说我们受到了优秀的人的感化，想和他成为同样的一个状态。这个词里面包含如下意思：面对被幸运垂青的人的时候，我们也想变成他们那样。

因此，它的意思是说"越是羡慕他人我们越想成为他们那样的人"。

我会参考的。⇒ 我已然铭记在心。

以前有这样一种说法，就是胆（肝）不仅仅是人的内脏，而且可以反映人的人格。现在也有"胆量"一词。"铭记在心"这个词说的是把别人的话刻在内心的意思，表示的是对别人的建议早已铭刻在心，绝不会忘记的意思。

这么一说，会给对方传达一种我已经将您的话深深记住了，并想以此作参考的态度，别人听了当然不会生气。

还有一个词同样是使用了"铭"，它就是"刻骨铭心"，表示听了对方的话之后深受感动、记忆难以磨灭的意思。这个词可以用于我们听了对方非常有意义的话而后向对方表示感谢的时候。

在谦虚、没自信、遇到困难时，我们如何使用更好的表达。

我不太了解那件事情。⇒我不太清楚那件事情。

在日语中，清楚这个词是说我们非常清楚某一件事情，或是在某一个领域非常精通。

"不清楚"是说我们对某件事不熟悉。如果说"我不知道""那个领域我不明白"的话，由于说得很直白，所以会让人产生一种抵触的心理，所以我们可以使用这个表达。

即使有的时候有人向我们问路，我们不知道，这个时候我们也可以说"这一带我不太清楚"，这个词和"我对此处不太清楚"是一个意思。

我第一次听说，以前完全不知道。⇒ 恕我孤陋寡闻。

"寡"表示了说话者的一种谦虚的态度，意思是说自己学的知识不够，自己听到的话不多，自己的知识储备不够的意思。与其相类似的表达有："学得不够好""才疏学浅"等。

不过无论是哪个词，都需要注意说话的场合。

如果自己长于对方，自己的经验较丰富，说这句话的时候，会让人觉得这是在讽刺对方，让人生厌。

我说几句大话。⇒ 我稍微给自己脸上"贴点金"。

我们在跟别人说起自己的一些辉煌的过去的时候，事先加一句"可能您听起来觉得我是在吹牛，但是对于我来说这件事确实很难以启齿"的话，会给别人一种谦虚的印象。

"自夸"这个词是这么来的：原意指的是以前家家户户都会想各种方法来做好大酱，做好以后都跟别人说自己家的好，由此产生了这个词。

同样，如果你有一个长辈和你在同一个研究领域，你可以这么说："我觉得自己是在班门弄斧"，像这样在说自己的事情的时候也给足了对方面子。

也没有……⇒只是一些小爱好。

我们和别人说自己多么擅长体育运动或是某件技艺的时候，可以说"只是一点小爱好"，这个表达是在告诉对方自己仅仅是因为喜欢才从事这项工作的，其实技术也不太好。

另外我们在跟别人说我们可以喝多少酒的时候，也可以使用这个。这个词的意思是说：我不是完全不能喝，但是也喝不了多少，酒量一般。

那个地方请您理解。⇒如果可以请您理解的话，我会深感荣幸。

有的时候，公司内部的事情或是个人隐私的一些事情，即便有人问我们，我们也不愿意回答。这个时候直接和别人说"那件事请不要问"的话，可能会让人觉得失礼。

就像"如果可以请您理解的话"这句话一样，它里面包含的意思是"即便我不说也希望你可以通过周遭的氛围来明白我的苦处"。它包含了说话者的这样一种态度：就是我认为你是有容许我不说的大度量的。还有一些固定表达，如"请明察""请明鉴"。

在表达自己的感想、想法、决心时，我们如何使用更好的表达。

刚刚的事情或话语，我感动了。⇒刻骨铭心。

我们在听了别人的讲话，读了一些作品之后，有的时候需要我们阐述一下感想。我们只说"我非常感动"这个表达的话，可能有人会说这个表达有点轻，这个时候我们可以将"刻骨铭心"搬出来。"铭刻"是指在器皿或是金石上面刻上文字。所以若我们说"刻骨铭心"的话，会告诉别人我们深受感动，且这种感受会一直持续下去的。

类似的表达还有"刻在心里""难以忘怀"。

十分愉快。⇒充分享受了……

"享受"表示的是我们吃饭、旅行、听音乐会时十分愉快、非常满足的状态。在强调这种心情的时候，我们在它的基础上可以加上"充分地""充足地""充分地""十二分地"等词。

例如，有人把票转让给了我们，我们可以在向他表示感谢的时候用这些词。

让我说有些那个。⇒真是有些自不量力。

我们在给别人提出忠告的时候，可以提前跟他说"让我说这件事真让我感到有些自不量力"，这样做可以起到铺垫（将信息柔和地传达给对方）的作用。

虽然说话者自己也知道有些不自量力，但是可以通过事先说这句话给对方打个预防针，表明自己谦虚的态度。类似的表达还有"有些冒犯""有些不客气""有些多嘴""有些鲁莽"。

我说的有些过分。⇒这么说可能有些语病。

我们在阐明自己的意见的时候，如果说话方法非常干脆，会给对方一种强硬、极端的印象。所以我们提前说上面的话，告诉对方不要关注细枝末节，而要关注聊天的中心思想。

除此之外，我们还可以使用"说得极端一些的话"，这是说话者较强语气的前置表达。

完全不对。⇒判若云泥。

"云泥"是指两者差距太大，就如同天上的云和地上的泥那样。

这表示两者在实力上或是在品质上有很大的差距。除此之外类似的表达还有"天差地别""天壤之别"等。

另外"完全不同"中的"全然"这个词也可以换成"根

本""根本上""本质上"。

接下来是努力的时候。 ⇒接下来是关键的时候。

"关键的时候"指的是对于自己来说非常重要的时候，是关乎成败的时候。

反映决定命运的时刻的词还有"孤注一掷"等。

后记

　　有一次，我在看日本富士电台的深夜电视节目《绝不笑场谈话秀》，看到一个段子的时候，我自己在心里想："咦，这个段子我知道啊！"。

　　应该是这样的。因为同样的段子我在别的深夜电视节目中看到过。觉得有意思，于是我又查了查，发现同一个艺人在这个深夜节目之前，在某一家电台节目中也说过同样的内容。因为这个段子太有趣了，所以他大概在上电台之前和自己的家人、朋友也说过吧。

　　从话术这个角度来看，这个艺人应该经历了这么几个阶段：先是跟自己的家人说，之后在粉丝收听的电台里说，之后再在深夜电视节目中说，最后才在《绝不笑场谈话秀》这个大舞台上说。他一定是一边观察周边人的反应，一边将内容反复打磨出来的。

其他一些擅长聊天的艺人也会将同样一个话题反复说好几次。

这件事情让我感到吃惊的同时，也给我提供了一个样本。

那个艺人告诉我：我们一生中会有多次机会进行自我介绍或是做别的事情。在反复练习的过程中，我们可以通过反省自己使内容更加完善。在此过程中，我们也可以形成自己的一些套路，然后反复打磨，这样我们聊天的本领会慢慢变强。

实际上，在我工作的培训班，一周同样的内容会教三四遍，但是比起第一遍来说第二遍、比起第二遍来说第三遍、比起第三遍来说第四遍更好（第一遍听我讲课的学生有些对不住了……）。我能够深刻地感受到如果我们用同一个话题反复训练的话，聊天技术会逐渐变好。

大家也可以自己想两三个聊天的话题，这些内容是通过反复打磨的，渐渐让人觉得这个很有意思。

我们在遇到苦难时，可以将这些段子拿出来说说，和别人聊一聊或许就没事了。这么一来，说这个段子不但不会使我们感到紧张，反而会让我们充分享受聊天。

换一个话题，在高考培训行业，现在"视频授课"成为主流。但是我还是想在教室里和学生面对面授课。与其说什么"视频授课"和"面授"有高低之分，不如说这个是我个人爱好的问题。因为我认为在教室里和学生上课的时间是最快乐的。

这些学生的面孔和性格我非常熟悉。我说一件事会引起他们开怀大笑，我在提问的时候，他们的回答有时候出乎我的意料，这样的时光才是最快乐的。上课的时候大家气氛高涨，课堂非常有趣，这和聊天聊到妙处是相似的。

让更多的人可以体会到与人交流的快乐，这也是我执笔写这本书的一个动机。

聊天不是特别的东西，而是存在于我们生活的每一个角落。如果我们可以享受聊天时光的话，工作、生活也应该可以应对自如。

希望大家可以通过快乐地聊天过好每一天。